Dualseelen:

Finde Deinen Ultimativen Geliebten

JEFF UND SHALEIA

Jeff Ender und Shaleia Clare Divine

(Fest zusammen und in Harmonischer Dualseeleneinheit
seit Januar 2014)

Spirituelle Dualseelen-Meisterlehrer

Alle Inhalte sind urheberrechtlich geschützt
© 2022 Twin Flames Universe.com, Inc.

Alle Rechte vorbehalten.
Ohne vorherige, schriftliche Genehmigung der Autoren darf kein Teil dieses Buches verwendet oder reproduziert werden.
Gedruckt in Europa.

Jeff und Shaleia Divine
Dualseelen: Finde Deinen Ultimativen Geliebten
1. Deutsche Auflage, November 2020
ISBN: 978-1-951062-01-9

Originaltitel: Twin Flames: Finding Your Ultimate Lover

Twin Flames Universe.com Bücher, MP3s,
E-Kurse und aufgezeichnete Klassen sind erhältlich.
Für weitere Details kontaktiere
Twin Flames Universe unter TwinFlamesUniverse.com

Übersetzung: Christina Puhl
Korrektorat: Fabian A. Scholz, Tahira ter Haar
Cover-Foto: Shaleia Clare Divine

Twin Flames Universe.com, Inc.
Lehre der Dualseeleneinheit als einen Aufstiegsweg zum Göttlichen

An unsere Twin-Flame-Ascension-School-Schüler, welche die Ersten waren, die an uns und unsere Tätigkeit glaubten. Wir lieben euch mehr als ihr womöglich erahnen könnt. Dieses Buch widmen wir euch, sowie unseren zukünftigen Schülern und unseren Lesern. Möge das Bewusstsein der Harmonischen Dualseeleneinheit, das auf jeder Seite vermittelt wird, für immer bei euch bleiben, wachsend wie eine göttliche Saat der Erkenntnis, in höchste Vollkommenheit hinein. Möget ihr für immer mit Gewissheit unsere Liebe für euch und unsere Liebe für eure Dualseeleneinheit begreifen.

An Gott, unseren heiligen Schöpfer, ohne Dich ist nichts möglich. Wir lieben Dich gänzlich und vollkommen und wir sind jetzt und für immer deine glückseligen Diener der Liebe. Danke, dass Du unsere unschuldigen Herzen mit deiner Liebe und deinen Lehren erfüllst, und dass Du uns den Weg zeigst, um anderen zu ihrer dauerhaften Harmonischen Dualseeleneinheit zu verhelfen. Unsere Liebe, Treue und Verehrung für Dich sind unerschütterlich, ewig und vollumfassend, da wir mit absoluter Sicherheit wissen, dass deine Liebe für uns dasselbe widerspiegelt.

Treu & ewig Dein, für immer,
Jeff & Shaleia

Inhalt

Erläuterungen	17
Vorwort	19
Einleitung	25
Kapitel 1 – Was sind Dualseelen?	27
Was sind Dualseelen?	29
Habe ich eine Dualseele?	31
Kapitel 2 – Wie finde ich meine Dualseele?	33
Was sind Dualseelen? (gechannelt)	34
Es beginnt mit deinem Wunsch	37
Erste Dualseelenbegegnung – Jeffs Geschichte	38
Die Geschichte ist wahr	40
Dualseelen und die Spiegelwirkung erklärt	42
Kapitel 3 – Woran erkenne ich, dass ich meiner Dualseele begegnet bin?	47
Jeffs Geschichte über seine Falsche Dualseele	51
Shaleias Geschichte über ihre Falsche Dualseele	54
Wie man eine Falsche von einer Wahren Dualseele unterscheidet (gechannelt)	62

Gottes neun Zeichen, dass du deiner Wahren
Dualseele begegnet bist (gechannelt) — 63
Neun Zeichen, dass du es mit einer Falschen Dualseele
zu tun hast (gechannelt) — 65
Zusammenfassung — 67

Kapitel 4 – Deiner Dualseele begegnen — 69

Shaleias Geschichte ihrer Dualseelenbegegnung — 69
Die Entscheidung vor der Begegnung — 73
Meditationsübung, um deine Dualseele anzuziehen — 73
Deine Dualseele anziehen — 75
Sei präsent mit dem, was sich zeigt — 78

Kapitel 5 – Die Spiegelübung: Das einzige Werkzeug, das du brauchst — 83

Die Spiegelübung: Eine neue & schnellere Methode
um die Göttliche Einheit zu erreichen — 85
Die Spiegelübung: Alles, was du benötigst, um die
Harmonische Dualseeleneinheit anzuziehen
und zu erreichen — 91
Die Spiegelübung: Schritt 1 — 95
Die Spiegelübung: Schritt 2 — 97
Die Spiegelübung: Schritt 3 — 103
Die Spiegelübung: Schritt 4 — 111
Visualisierungsübung für die Spiegelübung:
Schritt 4.1 — 117
Die Schritte der Spiegelübung — 117
Die Spiegelübung: Abschließende Gedanken — 118

Kapitel 6 – Harmonische Dualseeleneinheit: Deine Dualseele ein Leben lang behalten — 123

Phasen einer Harmonischen Dualseeleneinheit (gechannelt) — 125
Unaufhaltsame Einheiten — 132
Was ist die Harmonische Dualseeleneinheit und wie man sie dauerhaft erreicht — 135
Der Zweck der Harmonischen Dualseeleneinheit — 138
Was ist die Perfekte Einheit? — 140
Wie die Harmonische Dualseeleneinheit aussieht und sich anfühlt — 141
Acht Schlüssel für das Fundament deiner Harmonischen Dualseeleneinheit — 143

Kapitel 7 – Deine Dualseeleneinheit: Berufung (Lebenszweck) — 163

Eure Lebenswege vereinen — 164
Dualseelenklarheit — 166

Kapitel 8 – Was ist der Unterschied zwischen Seelenverwandten und Dualseelen? — 171

Der Unterschied zwischen Seelenverwandten und Dualseelen (gechannelt) — 172

Kapitel 9 – Dualseelen: Göttlich Weibliche und Göttlich Männliche Ergänzungen — 177

Kapitel 10 – Colby und Keelys Dualseelengeschichte 183

Erstes Treffen	183
Ewige Liebe einfordern	186
Unser erstes Date	189
Trennung	192
Lektionen gelernt	194
Unsere Lehrer finden	195
Wiederverbindung	198
Das Wiedersehen	203
Zurück nach Massachusetts	213
Einheit	214
Endgültig zurück	218
Zusammenleben als Einheit	219
Die Verlobung	222
Der große Tag	223
Unsere Herzen sind erfüllt	225
Aspen	226
Unser Leben erweitert sich ständig	229

Dualseelenaffirmationen 233

Dualseelengedichte 235

Wie die Liebe sieht – verfasst von Shaleia	235
Die Liebe war immer da – verfasst von Jeff	236

Nachwort 239

Empfohlene Materialien	241
Über Jeff	242
Über Shaleia	243

Erläuterungen

Der Begriff **Ärgernis** (upset) beinhaltet jegliche Form von disharmonischen Emotionen, wie z.B Angst, Wut und Traurigkeit.

Mit **Aufruhr** (upheaval) ist die innere emotionale Aufruhr gemeint, die gelegentlich nach der Heilung eines Ärgernisses mit der Spiegelübung auftritt.

Die Großschreibung wichtiger Begriffe wurde aus dem englischen Original übernommen.

Vorwort

Dualseelen: Finde Deinen Ultimativen Geliebten war die Folge davon, dass Jeff und ich ein tiefgreifendes Bedürfnis in Menschen erkannten, ihren Ultimativen Geliebten zu finden. Täglich entdecken Menschen mehr und mehr die Wahrheit und die Realität der Dualseeleneinheit, während sie sich fragen, ob sie selbst eine Dualseele haben. Gemäß spiritueller Wahrheit hast du eine Dualseele, und es ist möglich und unvermeidlich, sich wieder mit ihr zu vereinigen und eine wundervolle, lebenslange Partnerschaft und heilige Beziehung zu kreieren – eine, die wunderbar zufriedenstellend und unglaublich bedeutungsvoll ist.

Innerhalb des kollektiven Bewusstseins der Menschen gibt es eine Sehnsucht, die zum jetzigen Zeitpunkt ihren Höhepunkt erreicht, nach einem Liebesleben, das nicht auf einem alten Beziehungsmuster, sondern auf wahrer bedingungsloser und Göttlicher Liebe basiert. Vor weniger als einhundert Jahren wurde die Vorstellung, aus Liebe zu heiraten, als unvernünftig betrachtet, und war bestenfalls eine Annehmlichkeit, die nur wenige jemals hatten. Das trifft auf den Großteil der Entwicklung der Institution Ehe zu. Die Ehe war kein Ort, um sich zu verlieben, sondern eher ein sozialer und kultureller Vertrag, um die erwarteten sozialen Pflichten zu erfüllen. Ebenso war die Rolle der Frau zu dieser Zeit ausschließlich an Familie und Ehe gebunden (auch bekannt als häuslicher Bereich) und von den entsprechenden Autoritäten der Gesellschaft definiert, denn Frauen wurden als Eigentum wahrgenommen und als solches behandelt.

Glücklicherweise verändert sich die heutige Gesellschaft, besonders seit die Frauenrechtsbewegung die einvernehmliche Scheidung im Jahre 1969 legalisierte und gleichberechtigte Arbeitsmöglichkeiten einforderte. Seitdem haben viele Frauen die Möglichkeit ergriffen, ihre Ehen zu verlassen und haben begonnen, sich das langersehnte Leben voller Liebe zu erschaffen, von dem sie wussten, dass sie es verdienten. Auch Männern steht es unter diesen Umständen frei, sich dazu zu entscheiden, wirklich aus Liebe zu heiraten, anstatt aus Verpflichtung.

Wie verändern wir in einer Gesellschaft, der niemals beigebracht wurde, aus Liebe zu heiraten, diese tief verwurzelten Muster, sich nicht nur aus Liebe zu entscheiden, jemanden zu heiraten oder mit ihm zusammen zu sein, sondern eine wahre bedingungslose Liebe zu schaffen und aufrechtzuerhalten, die vom Körperlichen in das Spirituelle übergeht? Menschen verlangen mehr und vor allem andere Dinge von ihren Beziehungen als früher in der Geschichte. Jeder auf diesem Planeten hat eine Dualseele. Es gibt eine angeborene und unbestreitbare Sehnsucht, mit unserem Ultimativen Geliebten zusammen zu sein, und dieser Ultimative Geliebte ist unsere Dualseele. Wir verspüren diese Sehnsucht aufgrund der fundamentalen Tatsache, dass wir mit einer Dualseele erschaffen worden sind, und die Sehnsucht verlässt uns nie, bis sie verwirklicht ist.

Tief in unserem Innern haben wir schon immer eine perfekte Seelenergänzung für uns gefühlt, die nicht bloß ein Seelenverwandter ist, der kommt und geht in unserem ewigen Dasein, um mit uns eine Lektion und Erfahrung zu teilen, sondern eine Seele, die aus

exakt demselben Seelenbauplan erschaffen wurde wie wir und die ewig unser spiritueller Partner, Lehrer, Schüler, Freund und Geliebter ist. Mit dem Wissen, dass jeder auf dem Planeten, einschließlich dir selbst, eine Dualseele hat, wie kannst du spirituelle Liebe anziehen? Indem du eine andere Entscheidung triffst als bisher, die dazu geführt hat, dass du sich ständig wiederholende, unglückliche, unerfüllte Beziehungen und Ehen erlebt hast.

Viele Ehen und Beziehungen entstehen aus einem inneren Mangelgefühl, das zu Co-Abhängigkeit führt und eine falsche, abhängige Liebe ist. Diese falsche Liebe war die Art und Weise, wie Menschen sich "verliebten", als die Ehe aus Liebe endlich gesellschaftlich akzeptiert und zur neuen Norm wurde. Diese falsche Liebe ist nicht echt, weil sie nicht auf göttlichem Geist oder Liebe von Seele zu Seele beruht, sondern sie ist von körperlicher, sexueller und charakterlicher Anziehung bestimmt. Alles äußerst oberflächliche Arten von "Liebe", auf deren Grundlage die Menschen sich entscheiden zu heiraten und eine Familie und ein Leben zu gründen.

Wie erzeugt diese Grundlage eine stabile und dauerhafte Beziehung? Sie tut es nicht. Letztendlich versuchen wir die andere Person zu manipulieren, anstatt in uns selbst hinein zu schauen und Verantwortung für unsere Entscheidungen zu übernehmen, indem wir neue Entscheidungen für uns selbst treffen, die uns die gewünschten angestrebten Ergebnisse liefern. **Die Wahlmöglichkeiten, die Entscheidungen und die Anleitung, nach der wir handeln, sind wichtig, weil sie unser Leben formen und Menschen um uns herum beeinflussen.**

Glücklicherweise gibt es eine Möglichkeit, all das zu verändern – denn jeder von uns verdient und ersehnt seine geliebte Dualseele – und eine glückliche ewige Einheit zu erfahren. Zweifle nicht daran, dass während du dies für dich selber wünschst, es sich deine Dualseele genauso wünscht. Indem du dich dafür entscheidest, die innere Arbeit der *Spiegelübung* (wie in diesem Buch beschrieben) zu tun, wirst du die ewig währende Belohnung erfahren, nicht nur ein glückliches und friedvolles Leben zu leben, sondern du wirst auch alten Schutt beseitigen, der in den Schatten deines Bewusstseins noch verborgen ist und der dich von deiner Einheit und von deinem echten, bedeutungsvollen und ewigen Liebesleben mit deiner Dualseele fernhält.

Wenn du und deine Dualseele die Entscheidung trefft, euch zu verbinden und gemeinsam ein Leben in Liebe zu teilen, ist es, als ob du in deinem gesamten Wesen weißt, dass dies die Art und Weise ist, wie dein Leben immer schon sein sollte und es immer schon war. Du fühlst dich vollständig geliebt, akzeptiert, verstanden, wertgeschätzt und unterstützt, in dem, wer du bist und in eurer gemeinsamen Göttlichen Berufung. Es herrscht eine Zufriedenheit und eine tief erfüllte Sehnsucht. Es gibt so viele Zugänge zu Wachstum und wunderbare, endlose Ebenen zu lieben, Tiefe zu erforschen und sie miteinander zu entdecken. Es gibt ein gemeinsames Bewusstsein, das sich auf natürliche Weise zeigt, sobald ihr beide mehr realisiert, dass ihr Eins seid. Bereiche in deinem Leben, wo du dachtest, dass ein romantischer Partner dich niemals ergänzen könnte, sind ganz und gar erfüllt in deiner Beziehung, weil deine Dualseele dafür *entworfen* ist, dich dort aus einem ganz speziellen Grund und Zweck zu ergänzen. Deine Dualseele hat die Fähigkeit wie kein anderer, dich seelisch und emotional „dort abzuholen, wo du stehst". In einer Dualseeleneinheit gibt es ein Gefühl von tiefer, ewiger und vereinter Bestimmung. Du fühlst dich in deiner Einheit zu Hause, weil ihr in der Liebe mit Gott Eins seid.

Das Liebesleben, das du dir wünschst und auch verdient hast, ist näher als du denkst. Die Manifestierung deines Wunsches nach deiner spirituellen Dualseeleneinheit ist natürlich und unausweichlich, weil Gott diese Sehnsucht in dich hineingelegt und euch von Natur aus als Eins miteinander erschaffen hat. Während du deinen Glauben in den Prozess deiner Manifestation aufrecht erhältst, und die Belohnungen und die Erleichterung erfährst, wenn du deine Blockaden zu deiner Dualseele mit der im Buch beschriebenen *Spiegelübung* beseitigst, wirst du all die notwendigen Türen öffnen, um deine Dualseeleneinheit mit Leichtigkeit, Anmut und in ewiger Harmonie in deine Realität einzuladen. Nie wieder Trennung erleben.

Wisse, dass deine Dualseele sich auch danach sehnt, mit dir zusammen zu sein, und wenn du damit weitermachst, deine Hindernisse zur Liebe in dir selbst zu heilen, wird sie die gleiche Heilung erfahren. Das hilft euch, eure Einheit näher zusammenzubringen. Hinzu kommt, dass, wenn ihr euch unausweichlich begegnet oder euch begegnet seid und ihr auf die Harmonische Dualseeleneinheit hinarbeitet, ihr mit dem richtigen Werkzeug ausgerüstet sein werdet, nicht nur um eure Liebe und das „Lieben" in eurer Beziehung zu vertiefen, sondern um euer ewiges Fundament aufzubauen und aufrechtzuerhalten, auf dem ihr euren Himmel auf Erden erleben könnt.

SHALEIA
(ausgesprochen „Scha-li-a")

Einleitung

*„Liebende begegnen sich nicht letztendlich irgendwo.
Sie lebten, der eine in dem anderen, von Anfang an."*
                                                        -RUMI

Es gibt eine unsichtbare Kraft, die alle unsere Gedanken und Handlungen lenkt. Diese Kraft ist so mächtig, dass sie dir alles schenken kann, was du dir wünschst, wenn du verstehst, wie du mit ihr arbeiten kannst. Deine Dualseele zu finden, ohne die Anwendung dieser Kraft, ist eine unmögliche Aufgabe, aber mit ihr ist es unausweichlich. Nur durch die Anwendung dieser Kraft kann man seine Dualseele finden und die Harmonische Dualseeleneinheit erreichen.

Dein Gehirn besteht aus zwei Hemisphären: die Linke und die Rechte. Dieses Buch wurde mit dem Ziel verfasst, beide Hemisphären gleichzeitig anzusprechen. Es könnte sein, dass du feststellst, dass die Art, wie dieses Buch geschrieben wurde, sich zeitweise unangenehm anfühlt. Das liegt daran, dass es so gestaltet wurde, um einen ausgeglichenen Geist anzusprechen. Das Unwohlsein, das du wahrnehmen könntest, ist in Wirklichkeit eine Neuausrichtung deines Geistes und bringt ihn ins Gleichgewicht. Es hat einen sanften und heilsamen Nebeneffekt, die gedruckten Worte auf den folgenden Seiten zu lesen. Das gleiche Unwohlsein, das du fühlen könntest, ist ebenso das Magnetisieren deines Geistes in die Harmonie mit deiner Dualseele hinein, wenn du dich dazu entscheidest, sie in dein Leben einzuladen. Dieses Unwohlsein auf natürliche Weise zu durchlaufen ist eine notwendige Erfahrung, die dir zeigt, dass dein Geist richtig magnetisiert und auf Höhere Schwingungsenergien eingestellt wurde.

In deinem Herzen weißt du genau, wer deine Dualseele ist, auch wenn du ihr noch nicht begegnet bist. Dein Herz ist bereits darauf programmiert, sie zu erkennen, und in spiritueller Wahrheit kennt dein Herz deine Dualseele. So gut wie niemand kann dir sagen, wer deine Dualseele ist. Nur du kannst es wissen, aber du kannst dich an denen orientieren, die über die Energie Bescheid wissen, da sie den Prozess gemeistert haben und dauerhaft in ihrer Harmonischen Dualseeleneinheit leben. Sie können dir helfen, deine Dualseele zu erkennen, aber letztendlich musst du dich auf deine innere Heldenreise begeben und es für dich selbst herausfinden. Diese Seiten wurden geschrieben, um dir zu helfen, deine Dualseele zu finden.

Kapitel 1

Was sind Dualseelen?

Sie schrieb mir in dieser Nacht: „Biste geil?" Ich blickte auf meinen Computerbildschirm. Diese Frau ist *verrückt!* „Immer", antwortete ich, während ich ihr eine Abfuhr erteilte. Welche Frau schreibt einem Mann so was beim ersten Mal? Sie kennt mich nicht mal. Ja klar, wir waren seit einem Jahr auf Facebook befreundet. Ich kommentierte beispielsweise einige ihrer Fotos, ich fand sie irgendwie „eigenartig sexy". Aber ehrlich gesagt war das auch schon alles. Und jetzt das. Es gibt so viele andere Frauen, die an mir interessiert sind, und sie sieht nicht gerade wie America's Next Topmodel aus.

Aber das Gespräch ging weiter und ehe ich es begriff, hatte ich nicht einmal eine Chance, diese Verbindung loszuwerden. Ich ignorierte sie so gut ich konnte, aber sie wollte, dass ich sie erobere. Ich dachte mir: „Ja klar, Pech gehabt, ich bin mit neun Millionen anderen Frauen beschäftigt, die mir hinterherlaufen. Warum sollte ich es mir schwieriger machen als nötig?" Aber das Gespräch ging weiter und innerhalb von 30 Minuten Plauderei mit ihr tat ich etwas, das ich noch nie zuvor während meiner 26 Jahre Bräutejagd getan hatte: Ich bat sie, mich zu heiraten.

Zu diesem Zeitpunkt war das zur Hälfte ein Scherz, aber rückblickend begriff ich, dass diese verrückte Braut, mit einem sehr nach vorne preschendem und doch gleichzeitig reserviertem Interesse an mir, irgendwie anders war. Es war, als ob sie die Amazonenkönigin wäre, nur mit einem etwas seltsamerem Reiz. Sie hatte etwas Unwiderstehliches an sich, etwas, das meine Gedanken am Laufen hielt und meinem Herzen Lust auf mehr machte. Aber auf jeden Fall war sie cool und wir wollten nur Freunde sein. Sie lebte die Hälfte des Pazifiks entfernt und ich im Bräute-Paradies auf Hawaii. Ich musste mich ja nicht damit aufhalten, sie zu meiner festen Freundin zu machen, aber es machte mir Spaß, mit ihr zu reden.

Nach unserem ersten Gespräch übers Internet geschah zwei Wochen lang nicht viel. Ich meine, klar, wir hatten ein wirklich gutes Gespräch. Und ja, ich genoss es wirklich, mich mit ihr zu unterhalten, aber es gab so vieles, das im Wege stand, um ernsthaft an ihr interessiert zu sein. Zwei Wochen später meldete sie sich wieder bei mir. Heute würde sie mir sagen, es war eher ein „Hey Mann, willst du nicht vielleicht *diese* Königin erobern?" Für mich wirkte es mehr wie ein freundliches „Hallo". Ich war ein Typ, der lange Haare hatte, ständig halbnackt herumlief und in meinem eigenen kleinen Dschungelpalast lebte, den ich aus selbst gefälltem Bambus gebaut hatte. Ich fand, dass Frauen *mich* erobern sollten. Aber dann bot sie mir eine hellsehende Kartenlegung an. Ich hatte eine Schwäche für hellsehende Kartenlegungen und es war die zutreffendste Legung, die ich je erhalten hatte. Sie war die klarste Hellseherin, mit der ich je gesprochen hatte. Ich musste ihr versprechen, niemandem von ihrer Gabe zu erzählen. Sie wollte nicht als die persönliche Hellseherin von jemandem enden.

Diese Frau hatte Mumm, das musste ich ihr lassen, und ich genoss es wirklich, mit ihr zu reden. Außerdem war da etwas in ihrer Stimme, in der Art, wie sie sich benahm, den Interessen, denen sie nachging und den Entscheidungen, die sie traf, das mir lautstark signalisierte: „Ich muss sie besser kennenlernen." Seit dieser Kartenlegung haben wir nie wieder aufgehört, miteinander zu reden. Es vergeht kein Tag, an dem ich nicht leidenschaftlich versuche, sie noch tiefer zu lieben für das Wesen, das sie ist. Es vergeht kein Tag, an dem ich nicht Gott danke, dass Er sie zu mir gebracht hat. Es vergeht kein Tag, an dem ich nicht leidenschaftlich mit jedem Zentimeter ihrer perfekten köstlichen Weiblichkeit Liebe machen möchte. Diese verrückte Amazonenkönigin ... sie ist meine Dualseele.

Was sind Dualseelen?

Dualseelen sind aus ein und derselben *Seelenessenz* entstanden oder besser gesagt, demselben *Seelenbauplan* (soul blueprint). Ein Seelenbauplan stellt exakt dasselbe Prinzip dar, wie die körperliche DNA. Das bedeutet, dass unsere Seelen mit eigenen speziellen Codes, Qualitäten und Eigenschaften erschaffen wurden, die uns im Kern einzigartig machen. „Wie oben, so unten" ist ein allgemeiner Lehrsatz und ein Naturgesetz. Genauso wie wir eine körperliche DNA haben, die unsere körperlichen Erbanlagen und unsere Wesensart ausmacht, so haben wir auch eine Seelen-„DNA", die uns zu dem macht, wer wir seelisch und nicht-körperlich sind. Ein gutes Beispiel dafür ist, wie körperlich identische Zwillinge dieselbe genetische DNA teilen und Dualseelen exakt dieselbe Seelen-„DNA" oder den Seelenbauplan. Und genauso wie identische Zwillinge einzigartig als Seelen sind, obwohl sie dieselbe körperliche DNA teilen, genauso sind Dualseelen einzigartig untereinander, auch wenn sie denselben Seelenbauplan teilen. Das liegt daran, dass sie zusammen Ergänzungen des einen Seelenbauplans sind, und nicht Kopien davon.

Du kannst dir deine Dualseeleneinheit als das uralte Yin-Yang-Symbol vorstellen: Eine Hälfte ist das göttlich Weibliche, die andere Hälfte ist das göttlich Männliche, und die kleinen Kreise innerhalb jeder Hälfte stellen die Wahrheit dar, dass ihr nicht dualistisch seid, sondern vereint seid als ein Ganzes. Dies ist einer der Hauptgründe für eure intensive Anziehung und deinen Wunsch nach deiner Dualseele: Ihr seid aus demselben „Stoff" erschaffen. Und das ist auch der Grund, warum du unmöglich je mit deiner Dualseele „verschmelzen" kannst. Ihr seid beide schon ganz und vollkommen in Göttlicher Perfektion als Eins erschaffen worden (gleich dem Yin-Yang-Symbol) und bei eurer Reise zurück zueinander geht es immer nur um das Erkennen dieser Wahrheit. Dieses Gefühl, das du bekommst, wenn du dich bewusst mit eurer Dualseelenenergie verbindest, ist genau das, eure Dualseeleneinheitsenergie (euer Seelenbauplan), und ist in keiner Weise eine Verschmelzung. Du kannst nicht mit jemandem verschmelzen, mit dem du schon Eins bist.

Noch einmal, du und deine Dualseele seid schon ganz und vollkommen in Perfektion, und eure Hauptblockade besteht darin, den Glauben loszulassen, dass du in irgendeiner Weise von deiner Dualseele getrennt bist. Deine Dualseele wurde von Gott im exakt selben Moment erschaffen; und sie ist für dich bestimmt, als deine beste und perfekteste ewige Ergänzung.

Ich bin kein abergläubiger Typ, aber es lag mir schon immer am Herzen, eine Frau zu finden, in welche ich meine Lebenskraft investieren könnte, ein Typ Frau, die all meine Geheimnisse bewahren und mit mir während dieses Lebens wachsen würde und vielleicht auch im nächsten Leben – hätte ich wirklich an so etwas geglaubt. Ich stieß unerwartet auf den Jackpot aller Jackpots. Die perfekte Frau meines ewigen Lebens. Sie hatte Klasse, sie war witzig, sie forderte mich auf eine Weise heraus, die mein Feuer anheizte, und sie war mit ihrer Spiritualität verbunden, was mich sehr interessierte. Shaleia ist seit dieser schicksalhaften Kartenlegung jeden Moment meines Lebens bei mir an meiner Seite.

Habe ich eine Dualseele?

Shaleia und ich sind uns nicht einfach zufällig begegnet. Es gab einen **bewussten Prozess**, dem jeder von uns folgte, um uns vorzubereiten und um unserer Dualseeleneinheit den Weg zu bereiten. Du fragst dich vielleicht: „Habe denn auch ich eine Dualseele?"

Das ist sehr einfach zu beantworten. Die Antwort ist Ja. Ein großes, fettes, riesiges, deutliches „Ja". Ja, natürlich. Du hast in der Tat eine Dualseele. Woher weiß ich, bei gleichzeitiger Wahrung der Integrität dieses Buches, dass du eine Dualseele hast?

Weil du diese Worte liest.

Da gibt es etwas in dir, das deine Dualseele sucht, weil du von Natur aus weißt, dass du eine Dualseele hast. Wenn es dich absolut überhaupt nicht interessieren oder faszinieren würde, einen besonderen Partner zu finden, würdest du dir keine Mühe machen, dieses Buch in die Hand zu nehmen, geschweige denn, den ersten Satz zu lesen. Aber du hast dir selbst bewiesen, dass du eine Dualseele hast, indem du es bis hierhin geschafft hast, und das Göttliche hat dich aus einem sehr besonderen Grund mit einer Dualseele erschaffen.

Genauso sehr, wie du dich nach deinem perfekten Geliebten sehnst, ihn begehrst, ihn dir wünschst und innig von ihm träumst, genauso sehr sehnt, begehrt, wünscht und träumt dein perfekter Geliebter auch innig von dir. So wahr und einfach ist das. Wenn du in deinem Herzen einen Wunsch nach einer Beziehung verspürst, die über die Liebe hinausgeht, die uns als Kultur gelehrt wurde, hin zu einer Liebe, die im Himmel erschaffen wurde, dann hast du eine Dualseele.

Kapitel 2

Wie finde ich meine Dualseele?

Herauszufinden, ob du eine Dualseele hast, ist einfach. Deine Dualseele zu finden, das verlangt dir etwas mehr ab. Aber keine Sorge, dieses Buch wurde geschrieben, um dich den gesamten Prozess hindurch zu begleiten, durch den du deine Dualseele findest. Gehen wir als Erstes tiefer darauf ein, was eine Dualseele eigentlich ist. Sich darüber klar zu werden, wohin wir gehen, ist ein ziemlich logischer Ausgangspunkt, um eine Reise zu beginnen.

Ich bin ein Göttlicher Kanal (Divine Channel) und ich bin ein ziemlich vernünftiger und bodenständiger Mensch. Ich brauche VIELE Beweise, um glauben zu können, dass etwas wahr ist. Es muss in der Realität funktionieren, es muss sich an all meinen anderen bewährten Erkenntnissen ausrichten und es muss von grundierten Erfolgen in der realen Welt gestützt werden. Nun, mein Channeling hat alle Tests für mich bestanden. Nachdem ich es benutzt habe, um Menschen von ihren körperlichen Beschwerden und Krankheiten zu heilen, die Kindheitstraumata von mir und anderen tiefgründig aufzulösen und wirkungsvoll das Leben derer beeinflusst habe, die meine göttlich gechannelten Botschaften erhalten haben, wurde ich allmählich in eine Welt geführt, wo der Heilige Geist und ich Gespräche führen. Eine Welt, in der meine Dualseele kichernd die Treppe herunter in mein Büro kommt, um sich auf meinen Schoß zu setzen und mich zu knutschen, während ich ein Buch über Dualseelen schreibe. Eine Welt, in der der heilige Mutter-Vater-Gott sich durch meinen Geist bewegt, um mir Seine/Ihre Gedanken mitzuteilen, um genau zu beschreiben, was Dualseelen sind.

Was sind Dualseelen? (gechannelt)

Dualseelen sind die Manifestierung des Wunsches, einen ewigen Gefährten neben Gott zu haben. Dualseelen wurden von der Quelle erschaffen, um absolute und vollkommene Kameradschaft mit einer anderen Seele zu haben, denn Seelenverwandte kommen und gehen, aber deine Dualseele ist für immer bei dir, teilt das Ewige Leben mit dir und spiegelt dir am deutlichsten Gottes Göttliche Liebe für dich.

Vor langer Zeit stellte Gott sich vor, wie das Leben sein würde, wenn Dualseelen nicht erschaffen worden wären. Seelen hätten solch tiefgreifend entgegengesetzte Erfahrungen. Sie würden sich selbst als so einzigartig und verschieden voneinander ansehen, dass sie unfähig wären, sich durchgehend auf einer intimen Ebene zu verbinden. Seelen würden sich in ihren Erfahrungen so schnell aufeinander zu und wieder voneinander wegbewegen, dass es eine tiefe Sehnsucht im Bewusstsein verursachen würde. Aus dieser hypothetischen Sehnsucht entstand ein Weg, wie jede Seele einen innigen Gefährten haben könnte, jemand, der mit einem ewig wachsen, sich verändern und für immer den Fluss des Lebens und das Universum zusammen als Eins genießen würde.

Dualseelen sind einzigartig, weil sie immer miteinander verbunden sind. Die Gedanken, Handlungen und Entscheidungen einer Dualseele wirken sich persönlich und in vollem Umfang auf die andere aus. Sie sind kaum verschieden, doch sind sie jeder für sich einzigartig und vollkommen. Die eine kann nicht ohne die andere leben, weil sie sich gegenseitig so perfekt ausbalancieren. Die Perfektion und Vielschichtigkeit, mit der dieses Ausbalancieren erfolgt, ist unmöglich zu erklären oder zu beschreiben, genauso wie die Schönheit und die Weite des Universums unmöglich zu beschreiben sind.

Du kannst deine Dualseele fühlen, wenn du dein Bewusstsein in deinem Herzzentrum verankerst und du fühlst dort, wie sie dich vervollständigt. „Vervollständigt" bedeutet nicht „macht dich glücklich". „Vervollständigt" bedeutet „jemand, der dich zu mehr macht, als du es bereits in deinem Ausdruck bist, zu mehr, als du schon in deiner Sehnsucht bist und zu mehr, als du schon in deiner Lebenskraft bist."

Du hast eine Dualseele, und du weißt tief in deinem Herzen, dass du ohne deine Dualseele nicht der größtmögliche Ausdruck dessen sein kannst, was du wirklich bist. Viele Erden-Seelen haben es auf sich genommen, nicht sofort mit ihrem Dualseelengegenstück zu inkarnieren, und das ist der Grund, warum manche von euch körperliche Altersunterschiede in eurer Einheit erleben. Deine Dualseele wird immer auf der Erde inkarnieren, wenn du auf der Erde bist. Tod kann euch nur trennen, wenn du auf Dauer Trennung wählst. Dies kann nur geschehen, wenn du dich völlig dazu entscheidest, dein angeborenes Verlangen nach deiner Dualseele zu betäuben und abzulehnen, und keine Absicht hast, irgendetwas anderes als die Illusion der Trennung von deinem Wohl und deiner Einzig Wahren Liebe zu wählen. Tod ist lediglich ein Spiegel deiner Wahl der Trennung vom Göttlichen, bis du dich dazu entscheidest, dich selbst zu verwirklichen.

Das Leben auf der Erde ist dazu bestimmt, deine Seele zu erwecken, die Inhalte deines Geistes aufzurütteln und in dir eine völlig neue Art des Seins wachzurufen, das du überall auf deine ewigen, Universalen Reisen mitnehmen kannst. Du bist dafür bestimmt, eine Zeit lang hier zu sein, um dich vorzubereiten und dann weiterzuziehen und andere Teile dieser Unendlichen Weite zu erkunden. Hier auf der Erde wirst du gewarnt, dass deine Dualseele zu haben und sie herbeizurufen, bevor du bereit bist, die spirituelle Arbeit der Harmonischen Dualseeleneinheit zu tun, generell nicht zu empfehlen ist.

Jeff wird dir später in diesem Buch berichten, wie herausfordernd es ist, deine Dualseele in deinem Leben zu haben, während du den Prozess durchläufst. Es ist auf eine Weise lebensverändernd, die man nicht beschreiben kann. Du wirst dich zweifellos auf eine Weise verändern, die du zuvor nicht begreifen könntest, und in Zeitspannen, die du niemals erwarten würdest. Dein Wachstum wird automatisch auf Maximum eingestellt, wenn du deine Dualseele in dein Leben einlädst und die Harmonische Dualseeleneinheit erreichst.

Die Quelle bittet dich, diese Energie deiner Perfekten Göttlichen Ergänzung, mit einem achtsamen Verständnis dessen, was du einlädst, in dein Leben einzuladen. Was du einlädst, ist kraftvoll. Was du einlädst, ist atemberaubend. Was du einlädst kann und wird alles neu formen, das du als „Du" verstehst, in etwas noch Tiefgründigeres und Wundervolleres: wer du in Göttlicher Wahrheit bist. Aber diese Erfahrung kann herausfordernd sein, jenseits dessen, was vielen Seelen auf der Erde interessant erscheint. Tue den nächsten Schritt auf deiner Dualseelenreise mit einem Verständnis dessen, was du einlädst. Du lädst ALLES VON DIR ein! Wenn du dich dazu entscheidest und bereit fühlst, für ein seelenerwachendes Erlebnis totaler Glückseligkeit, Harmonie und Göttlicher Liebe, vorausgehend von einer lebensverändernden Erfahrung von Durchbrüchen und dem Loslassen deiner alten Weise des Seins, dann bist du bereit, deine Dualseele in dein Leben einzuladen und den Aufstiegsweg der Harmonischen Dualseeleneinheit zu beginnen.

Es beginnt mit deinem Wunsch

Ein echter Wunsch. Damit beginnt alles. Ein aufrichtiger Wunsch, deinen perfektesten, Göttlichen Geliebten jetzt in deinem Leben zu manifestieren. Du bist jemand, der nicht davon abgehalten werden kann, mit deiner Perfekten Göttlichen Ergänzung zusammen zu sein: deiner Dualseele. Du bist jemand, der es sich nicht vorstellen kann, ohne sie zu sein. Du bist jemand, der bereit ist, die Irrungen und Wirrungen mit deiner Dualseele an deiner Seite auf sich zu nehmen. Wenn du jemand bist, der bereit ist, die Herausforderung anzunehmen und den Lohn zu ernten, dann bist du jemand, der mit Sicherheit seine Einheit mit seiner Dualseele anziehen und für alle Ewigkeit aufrechterhalten wird.

Ich möchte mit dir an DEINER Geschichte teilhaben, wie du deine Dualseele findest und auf ewig mit ihr zusammenbleibst. Deinem Perfekter Partner. Deinem Ultimativen Geliebten der Geliebten. Ich will davon hören, wie DU dich in der Herrlichkeit deiner dauerhaften Harmonischen Dualseeleneinheit sonnst. Ich bin dazu verpflichtet, dir den Weg zu zeigen und dich zu begleiten, von deinem Wunsch bis zur Manifestation deiner Harmonischen Dualseeleneinheit. Wenn du es auf deiner Reise bis hierhin geschafft hast, dann hast du bewiesen, dass du dich dazu entschlossen hast, den spirituellen Prozess, deinen Perfekten Partner anzuziehen, zu vollenden. Mit Beharrlichkeit und Stärke kannst und wirst du definitiv deine Dualseele kennenlernen und die Harmonische Einheit haben. Du hast bewiesen, dass du bereit bist, den ersten Schritt zur Verwirklichung deiner Erfahrung mit deinem Ultimativen Geliebten zu tun. Jedes Kapitel dieses Buches ist ein Wegweiser für dich, der dich einen Schritt näherbringen wird, deine Perfekte, Göttliche Einheit mit deinem Ultimativen Geliebten zu verstehen und zu erleben.

Erste Begegnung mit der Dualseele – Jeffs Geschichte

Sie war nur ein paar Minuten entfernt. Nach Jahren der missglückten, leidenschaftlichen Affären, verlorenen Beziehungen, schmerzhaften Liebeskummers und scheinbar verschwendeten Liebesbeziehungs-Investitionen traf ich endlich zum ersten Mal in diesem Leben meine Dualseele. Ich gab vor, cool zu sein. Aber innerlich war der ruhige und selbstsichere Jeff am Zittern. Mein Körper bebte unter einer Mischung aus Angst, Erregung und völliger Erschöpfung. Vielleicht wa-

ren es die 20 Stunden der Reise, die nun zu Ende ging. Vielleicht war es das Flugzeugessen oder die Yogamatte, auf der es mir notdürftig gelang, ein Nickerchen auf dem kalten Morgenboden des internationalen Flughafens von Los Angeles (LAX) zu machen. Vielleicht waren es die vier intensiven Monate des Online-Datings, die ich gerade mit meiner Dualseele absolviert hatte. Ich pulsierte vor Emotionen und Gefühlen, die ich nicht ausdrücken konnte.

Der Flughafenshuttle fuhr zum örtlichen Comfort Inn Motel, um mich abzusetzen. Als ich aus dem Fenster sah, während wir uns dem Inn näherten, sah ich niemanden und mein Herz wurde ängstlich. Ich war schon einmal hier, vor weniger als einem Jahr. Ich wurde allein abgesetzt und war gerade dabei, diejenige zu treffen, von der ich dachte, sie wäre die Frau meiner Träume. Aber sie war nicht dort. Und als ich es alleine bis zu ihrem Haus schaffte, ließ sie mich alleine. Ich strandete auf ihrer Veranda und sie weigerte sich, mich zurückzurufen.

Würde Shaleia mich auch sitzen lassen? Der Wagen setzte mich ab und fuhr weg, und ich war wieder alleine auf dem Parkplatz. Die vertrauten Gefühle der Verlassenheit begannen mich zu erfassen, während ich mein Gepäck zur anderen Seite des Inns rollte, wo ich hoffte, Shaleia zum ersten Mal zu begegnen.

„Jeff!", hörte ich hinter mir. Eine süße, klare und weibliche Stimme rief meinen Namen, als ich mich umdrehte und meine Dualseele zum ersten Mal in Fleisch und Blut sah. Wow, sie war HEIß! Ich konnte nicht glauben, wie unglaublich attraktiv sie war. Meine coole und ruhige Stimmung war schnell dahin. Ich ließ meine Koffer fallen, streifte meine Mütze ab, meine Sonnenbrille und sogar meine Sandalen, *während ich über den Parkplatz sprintete, um meiner Ultimativen Geliebten zum ersten Mal leibhaftig zu begegnen.*

Ihr Lächeln umspielte meine Gedanken, als wir einander in die Arme sanken. Wir drehten uns und wirbelten herum, lieblich und sanft, und doch leidenschaftlich und voller Gefühl. Genauso fühlt es sich an, „zum ersten Mal nach Hause zu kommen". Mein Kopf drehte sich, es fühlte sich an, als ob ich endlich in eine sauerstoffreiche Umgebung entlassen wurde. All meine Befürchtungen und Ängste verschwanden, als ich sie fest an meine Brust drückte. Ihre Arme umarmten meinen Körper und meine Seele, und machten diese Begegnung zur unglaublichsten meines Lebens.

Sie erzählte mir später, dass sie auch ein Gefühl von „nach Hause kommen" spürte, so wie es viele Dualseelen in ihren Einheiten beschreiben. Ich habe immer das Gefühl und weiß, dass ich mit Shaleia an meiner Seite zu Hause bin.

Die Geschichte ist wahr

Ich liebe die Erfahrung, jemand Neues zu treffen. Eine neue Person in mein Leben zu bringen und die Begeisterung und die Fülle mit ihr zu erkunden. Aber diese Begeisterung und Fülle verschwindet normalerweise, und ich brauche dann eine neue Person, um dieses Gefühl wieder zu erleben. Mit deiner Dualseele kannst du, so wie ich, diese Begegnung als ein Gipfelerlebnis erfahren, aber wozu die Mühe? Wird dich diese Person nicht genauso langweilen, wie all die anderen? Wird dich diese Person nicht behandeln, wie all die anderen es taten? Wird dich diese Person nicht wegwerfen, wie all die anderen? Was bleibt dir dann noch? Obwohl all die oben genannten berechtigte Bedenken sind, kann ich dir zeigen, warum sie irrelevant für deine Harmonische Dualseeleneinheit sind. Es wird eine Einheit genannt und nicht eine Beziehung, weil eine Einheit ein zutreffenderer Begriff ist, um zu beschreiben, was tatsächlich geschieht. In einer typischen Seelenverwandtenbeziehung verbinden sich zwei Menschen von den zwei verschiedenen Ufern ihrer Seelen. Die Beziehung wird zu irgendeinem Zeitpunkt enden und vielleicht gehen beide Beteiligten weiter in eine andere Beziehung, in einem anderen Leben oder in diesem; oder vielleicht entscheiden sie sich schließlich dafür, ihre dauerhafte Harmonische Dualseeleneinheit anzuziehen.

Romantische Seelenverwandtenbeziehungen sind zwangsläufig zum Scheitern verurteilt, weil diese Seelen nicht perfekt dazu erschaffen wurden, um mit dir zusammen zu sein. Das ist eine gute Sache, weil es bedeutet, dass jemand es ist: deine Dualseele, die dein natürliches, Göttliches Gegenstück ist. Sei nicht traurig, falls und wenn du deine Seelenverwandtenbeziehung für deine Dualseele loslässt, denn indem du das tust, befreist du dich selbst, um mit deiner Einzig Wahren Liebe zusammen zu sein, und du befreist deinen Seelenverwandten, damit er mit seiner Dualseele zusammen sein kann. Genau das ist gelebte wahre Liebe und Mitgefühl, und du dienst der jüngeren Generation als Vorbild, indem du die Wichtigkeit vorlebst, nur deine Dualseele zu wählen, anstatt dich mit weniger zufrieden zu geben, als du verdienst.

Eine Harmonische Einheit ist ein Zusammenkommen mit einem Seelengegenstück in eine dauerhafte und unzerstörbare, ewige Bindung/Versprechen. Du bist nicht komplett ohne deine Dualseele, aber du bist immer vollkommen ganz. Du brauchst nicht deine Dualseele in deinem Leben zu haben, um ganz zu sein, aber du brauchst sie, um dich völlig komplett zu fühlen, und um alles von dir zu erleben, das durch diese eine Einheit zum Ausdruck gebracht wird. Dieses Gefühl von Unvollständigkeit kann unerträglich werden, und das kann ein Grund sein, warum du dieses Buch liest; um dein eigenes Gefühl von Wahrhaftigkeit und Vollständigkeit wiederherzustellen.

Dualseelen und die Spiegelwirkung erklärt

Es gibt keine Notwendigkeit mehr für einen anderen Geliebten, wenn du endlich deiner Dualseele begegnet bist. Diese Person wird alle deine Wünsche erfüllen, die du an einen intimen Partner hast, sogar wenn deine Wunschliste sehr umfangreich ist. Die Energie deiner Wünsche und „Bedürfnisse" ist in deiner Dualseeleneinheit in hohem Maße und vollständig konzentriert. Diese Person kann sogar all dieselben herausfordernden Dinge tun, wie viele deiner vorherigen Geliebten, weil sie dir hilft, alte Verhaltensmuster und Traumata loszulassen, die in deinem Geist existieren und somit deine Harmonische Dualseeleneinheit verhindern. Sie tut das aus Liebe und Mitgefühl für dich und für deine Erfahrung und deinen Wunsch nach Ganzheit. Sie tut es nicht, weil sie grausam, missbräuchlich und gehässig ist, oder um die Einheit zu zerstören. Sie tut es, um dich und sich selbst zu heilen. Deine Erfahrung mit deiner Dualseele wird einzigartig und vollkommen dein eigenes Empfinden sein. Dualseelen erleben immer genau das, was sie gemeinsam benötigen.

Jede Geschichte ist anders, aber eine Sache, die immer gleich ist in der Dualseeleneinheit, ist, dass sie das „Zeug" des anderen ans Tageslicht bringt. Was meine ich mit „Zeug"? Es sind die Kindheitstraumata, Ärgernisse und Schmerzen und es sind die falsch ausgerichteten Gedanken, Muster und einschränkenden Überzeugungen, in denen wir uns gefangen fühlen. Hauptsächlich sind es die nicht auf Liebe und unser Göttliches Selbst ausgerichteten Entscheidungen, die wir wieder und wieder treffen, manchmal in jedem Leben wiederholen, in einem monotonen karmischen Kreislauf.

Wenn dieses „Zeug" an die Oberfläche kommt, ist es oft sehr unangenehm, weil du auf einer gewissen Ebene stark an deine Egogeschichte gebunden bist, aber du wirst von deiner Dualseele ermutigt, es dir anzusehen und es aufzulösen. Warum scheint dich deine Dualseele zu verärgern? Weil sie dich liebt und weil sie du ist! Sie wünscht sich zu sehen, wie du wächst und die beste Version deiner selbst wirst, die du sein kannst – dein Göttliches Selbst. Sie tut dies aus einer tiefen inneren Motivation heraus, da sie so eng mit dir verwoben ist, und sie sich auch wünscht, die beste Version ihrer selbst zu sein. Das nennen wir die *Dualseelen-Spiegelwirkung*.

Spiegeln geschieht direkt während deiner Dualseeleneinheit, weil du und deine Dualseele dasselbe Eine Bewusstsein teilt. Sie muss sämtliche Kernentscheidungen und Überzeugungen spiegeln, die du besitzt, und umgekehrt, bis eine neue Kernentscheidung getroffen wird. Wenn diese Entscheidung auf die Göttliche Liebe ausgerichtet ist, wirst du erleben, dass deine Realität und deine Dualseele dir diese liebevolle Entscheidung spiegeln. Jede liebevolle Entscheidung, die du in deiner Realität triffst, ist das Sprungbrett für deine dauerhafte Harmonische Dualseeleneinheit. Diese *Spiegelwirkung* erklärt auch, warum es unmöglich für eine Dualseele ist, angeblich „erwacht" zu sein, und der andere nicht. Deine Dualseele ist genauso erwacht, wie du es bist, weil ihr Eins seid. Sie ist nicht deine Kopie. Das bedeutet, dass sie in bestimmten Bereichen erwacht oder bewusst sein wird, wo du es nicht bist und umgekehrt, aber es bedeutet nicht, dass sie spirituell nicht auf demselben Level ist wie du. Sie ist es definitiv und etwas anderes zu denken, ist zu glauben, dass du getrennt von deiner Dualseele sein kannst. Deine Dualseele ist genauso dein größter spiritueller Lehrer, wie sie dein größter spiritueller Schüler ist. Und jeder gute Schüler nimmt aufmerksam auf, was der Lehrer weitergibt, so dass er die Lektionen meistern kann.

Die *Dualseelen-Spiegelwirkung* existiert einzig und allein als eine Reflektion deiner persönlichen Beziehung mit Gott, der dein Göttlicher Schöpfer im Himmel ist. Das ist eine der Hauptfunktionen deiner Dualseeleneinheit: dir deine Beziehung, deine Entscheidungen und dein Bewusstsein bezüglich deines Göttlichen Schöpfers widerzuspiegeln. Dies ist tatsächlich das eine Element, mit dem viele auf ihrer Dualseelenreise kämpfen. Die Leute wollen mit dem Finger auf ihre Dualseele zeigen und sie dafür verantwortlich machen, dass sie verärgert und nicht mit ihr zusammen sind, aber nach dem spirituellen Gesetz spiegelt dir deine Dualseele deine Ärgernisse mit Gott und mit dir selbst. Löse diese Ärgernisse auf und du löst deine Trennung von deiner Dualseele auf. Wir gehen später im Buch sehr detailliert darauf ein, wie dies getan wird.

Ich lade dich dazu ein, dich im Angesicht der Ärgernisse, die deine Dualseele für dich hervorbringen wird, nicht entmutigt zu fühlen. Wenn du die spirituellen Werkzeuge und das Bewusstsein erlernst, die wir mit dir in diesem Buch, in unseren Online-Klassen und Online-Kursen auf TwinFlamesUniverse.com teilen, ist es umso leichter, dich an deiner Dualseele zu erfreuen und deine dauerhafte Harmonische Einheit zu erreichen. Um den „dauerhaften" Aspekt deiner Harmonischen Dualseeleneinheit zu erreichen, musst du dich dazu verpflichten, deine Ärgernisse zu heilen, sobald sie auftauchen; und wisse dabei, dass es tatsächlich einfacher und einfacher wird, und es sich wirklich besser anfühlt, spirituell an dir zu arbeiten mit deiner Dualseele körperlich an deiner Seite. Es ist in der Tat sogar noch bereichernder, die spirituelle Arbeit gemeinsam in der Harmonischen Einheit zu machen, weil ihr den Prozess, die Gefühle, die Liebe und die Freude Schritt um Schritt miteinander teilt.

Gibt es irgendwann keine Ärgernisse mehr in deiner Dualseeleneinheit? Absolut! Wenn du in deiner Harmonischen Dualseeleneinheit immer weiter voranschreitest, werdet ihr schließlich zusammen einen Zustand erreichen, den wir „Perfekte Einheit" nennen, besser bekannt als Aufstieg. In einem späteren Kapitel werden wir genauer auf dieses wichtige, ultimative Endziel eingehen. Wenn du aufrichtig die intimste Erfahrung suchst, die mit einem anderen Menschen möglich ist, dann suche nicht weiter; deine Dualseele ist genau das. Dies ist keine Illusion, es ist kein Hype, und es ist kein „Hokuspokus". Dies ist das Wundervolle und das Göttliche, und es ist Lebenstransformation mit Herausforderungen, die geschaffen wurden, dich wachsen zu lassen, und um deine Erfahrung, mit deiner Dualseele zusammen zu sein, zu vertiefen. Wenn du bereit bist, das Herausfordernde zusammen mit dem Ekstatischen anzunehmen, dann bist du nicht nur auf dem richtigen Weg, sondern hast auch die richtige Einstellung, um deine Dualseele zu finden und zusammen mit ihr deinen perfekten Himmel auf Erden in Harmonischer Einheit zu leben.

Deine Dualseele *wird* all dein „Zeug" hervorbringen und manchmal gar mit erschreckender Geschwindigkeit, aber du hast 100 Prozent die Kontrolle darüber, wie schnell oder langsam du in deine Harmonische Dualseeleneinheit kommst. Wenn du nicht mit einigen sehr mächtigen Werkzeugen ausgestattet bist, die dir helfen, die **Ärgernisphase** deiner Einheit zu durchlaufen, dann wirst du es schwer haben. Shaleia und ich haben sehr harte Zeiten durchgemacht und waren dabei in der Lage, einen erleichternden Weg zu ebnen, der klar und leicht für dich ist. Wir taten dies bewusst, weil wir die Tragweite der Situation kannten, die wir für uns ausgesucht und geschaffen hatten. Wir bahnten einen Weg durch die dunkelsten Stunden der Dualseelenerfahrung und entwickelten uns von der Einheit in die Harmonische Dualseeleneinheit; und wir sind hier, um auch dir die Werkzeuge für deine Befreiung zu überreichen.

Aber bevor wir gemeinsam daran arbeiten, beginnen wir mit dieser sehr einfachen und doch tiefgründigen Frage: Woran erkennst du, dass du deiner Dualseele begegnet bist?

Kapitel 3

Woran erkenne ich, dass ich meiner Dualseele begegnet bin?

Es gibt eine Möglichkeit, um festzustellen, wer deine Dualseele ist, aber Geduld ist erforderlich, während du durch den spirituellen Enthüllungsprozess gehst. Wir besprechen, wie das Erstellen einer Liebesliste (in einem späteren Kapitel) dabei hilft, zu bestätigen, wer deine Dualseele ist. Darüber hinaus hilft selbstverständlich eine tiefe Gewissheit, die auf der tatsächlichen Vertrautheit mit dieser Person beruht, sowie Gott um sehr klare und verständliche Zeichen zu bitten, und Visionen durch Meditieren zu erhalten, und zu lernen, wie das Pendel richtig benutzt wird. Wir warnen vor dem Nutzen wahrsagender Dienstleistungen, die deine Dualseele identifizieren sollen, denn die klare Mehrheit der Wahrsager da draußen ist gegenwärtig nicht richtig auf die Dualseelenenergie oder zu 100 Prozent auf das Göttliche (auch wenn sie das so sagen oder die besten Absichten haben) abgestimmt, das ihnen helfen würde, dir deine Dualseele zu bestätigen. Deine Dualseele für dich zu enthüllen, ist unglaublich heilig und die Möglichkeit, dass jemand außerhalb von dir tatsächlich deine wahre Dualseele ermittelt, ist in spiritueller Wahrheit ein Göttliches Wunder. Ich sage das weder leichtfertig, noch bin ich einfach nur ein spiritueller Connaisseur oder denke mir das zum Selbstzweck aus, aber was ich mit Sicherheit weiß, ist, dass wahre Dualseelen erfolgreich sehen und erkennen zu können, ein Wunder ist, das ausschließlich von und durch das Göttliche ausgeführt wird. Der Grund warum nur bestimmte Personen mit der Fähigkeit beschenkt sind, diese Wunder auszuführen, ist, weil du absolut auf die Göttliche Liebe mit Gott ausgerichtet sein und zweifellos das Energiemuster von dem exakt gleichen Seelenbauplan der Individuen erkennen musst.

Zum Zeitpunkt dieser Niederschrift ist es immer noch relativ einfach für Hochstapler, sich als Dualseelen auszugeben, weil so wenige fähig sind, wahrhaftig und eindeutig eine tatsächliche Einheit zu erkennen. Deshalb ist es so wichtig, sich an uns und unsere Arbeit zu halten und zu entscheiden, nur Lehrern, Heilern und Coaches zuzuhören, die in unserer spirituellen Gemeinschaft und Abstammung bestehen bleiben.

Zunächst ist es schwierig, Dualseelen zu identifizieren, denn es erfordert *die Fähigkeit, klar mit deinem Herzen zu sehen.* Anfangs zeigt dir nur ein verschwommenes, grelles Licht an, dass etwas da sein könnte. Mit mehr Erfahrung und Wachstum wirst du Sicherheit und Klarheit bekommen, dass es sich tatsächlich um ein Dualseelenpaar handelt. Während dein spirituelles Sehvermögen klarer und abgestimmter auf das spezielle Energiewellenmuster von Dualseelen wird, kannst du möglicherweise hier und da wahre Dualseelen mit einiger Genauigkeit identifizieren. Letztendlich wird es dir meistens gelingen, es ziemlich gut zu erkennen. Aber du wirst ab einem gewissen Punkt, wenn du klarer in deiner Herzenssehkraft wirst, Dualseelen genauso deutlich erkennen können, als ob jemand ein Licht in einem dunklen Raum einschalten würde und dich fragt, ob es hell oder dunkel im Raum ist.

Im Endeffekt musst du, egal ob du anfangs richtig bei der Ermittlung einer speziellen Person als deine wahre Dualseele liegst oder nicht, den Enthüllungsprozess durchlaufen und deine Dualseeleneinheit als deine Wahrheit *erleben*. Dies könnte der Grund sein, weshalb du auf Widerstand von deiner Dualseele stoßen könntest, wenn du ihr erzählst, dass ihr Dualseelen seid, ohne dass sie von selbst zu diesem Ergebnis der Verbindung gekommen ist. Es ist eine Sache zu sagen, dass ihr Dualseelen seid und etwas ganz anderes, sich auf den Fahrersitz zu setzen und die Wahrheit und ewige Unzerstörbarkeit deiner Einheit auszutesten. Denke daran, die Dualseeleneinheit ist eine Göttliche Liebe, deshalb ist das gemeinsame und andauernde Thema, das du mit und bei deiner Dualseelenerfahrung erleben wirst, dies:

„Liebst du mich bedingungslos? Sogar wenn ich etwas in meiner Erfahrung wähle, das dich triggert? Wirst du mich trotz allem lieben? Wirst du dich immer dafür entscheiden, mich zu lieben, oder willst du bloß etwas von mir?"

Tatsache ist, dass du deiner Dualseele in deiner Schwingung die exakt selben Fragen stellst, und du musst mit der bedingungslosen Liebe antworten, die du dir von ihr wünschst, und zwar dir selber und deiner Dualseele gegenüber. Sie wird dir antworten und dir deine Kernentscheidung für bedingungslose Liebe für sie und dich selbst spiegeln, unabhängig davon, ob es ein inneres Gefühl oder eine äußere Veränderung oder ein Zeichen ist. Wenn du Liebe und Verbundenheit wählst, so tut es auch deine Dualseele, wenn du jedoch in deinem Herzen wahrhaftig Liebe und Verbundenheit mit jedem Ärgernis, das du heilst, wählst, dein Partner aber zur selben Zeit Angst und Trennung wählt, dann ist es wahrscheinlich ein Zeichen für eine *falsche Dualseele*.

Einer der Gründe, warum du eine falsche Dualseele mit deiner tatsächlichen Dualseele verwechseln könntest, ist, weil eine falsche Dualseele äußerlich immer, und auf der Persönlichkeitsebene manchmal, erscheint, als sei sie deine wahre Dualseele. Dies ist die eindeutige Eigenschaft, die sie als falsche Dualseele ausmacht, und die dich dazu verleitet, zu glauben, dass es sich um deine wahre Dualseele handelt. Deshalb ist der Enthüllungsprozess so wichtig. Ich nenne es den Enthüllungsprozess, weil du die spirituelle Reise durchleben musst, deiner Dualseele sowohl in der inneren als auch in der äußeren Welt zu begegnen. Du kannst es nicht mit einem Schwung eines Zauberstabs vermeiden, der sagt: "Hier ist deine wahre Dualseele!"

Gottes Wege sind unergründlich, und obwohl wir vielleicht denken, dass wir mit unserer Dualseele zusammen sind, ist es vielleicht eine falsche Dualseele. Sei nicht beunruhigt, denn die falsche Dualseele hat einen ganz besonderen und speziellen Zweck als eine Einstiegserfahrung zu deiner wahren Dualseele. Ein weiterer Zweck deiner falschen Dualseele ist es, dir all deine wichtigen Blockaden und Ärgernisse deiner wahren Dualseele gegenüber aufzuzeigen. Es ist weise, darüber zu meditieren und aufzuschreiben, was diese Lektionen sind, und dann zu heilen, was sich durch diese Lektionen zeigt. Wir teilen mit dir, wie du das mit der später erklärten *Spiegelübung* machen kannst. Sowohl Shaleia als auch ich hatten Erfahrungen mit falschen Dualseelen, die direkt zu unserer wahren Dualseele führten. Wir beide glaubten ohne den geringsten Zweifel, dass es sich bei der jeweiligen Person um unsere wahre Dualseele handelte, und es musste so sein, damit wir beide diese Erfahrung durchmachten, die uns schließlich in unser beider Leben führte.

Jeffs Geschichte über seine falsche Dualseele

Sophia hatte gerade Hawaii verlassen und offen gesagt war ich froh, sie los zu sein. Sie verbrachte zwei Monate damit, mit mir zusammen in meiner Dschungelhütte zu leben, zu arbeiten und Liebe zu machen. Sie half mir, mein Bed & Breakfast aufzubauen, half mir, die Idee zu entwickeln, ein neues Bewusstsein, in das Haus, in dem ich lebte, hereinzubringen, und half, die Hütte mit neuem Teppich zu modernisieren, während sie einen femininen Touch hinzufügte. Sie ließ sich sogar freudig auf etwas Beziehungsarbeit und spirituelle Arbeit mit mir ein.

Ich liebte es wirklich, so eine Frau um mich zu haben. Ich dachte, dass ich Kinder mit ihr haben und sie vielleicht eines Tages heiraten wollte. Ich dachte, dass ich mit ihr zusammen sein wollte, aber tief im Innern wusste ich, dass ich sie überhaupt nicht um mich haben mochte. Irgendetwas stimmte nicht mit ihr... und doch konnte ich nichts dagegen tun, dass mein Herz sich nach ihr sehnte.

Ich hatte eine angemessene Anzahl an Meditationen durchgeführt, um zu wissen, wann meine Gefühle transzendental sind und wann sie von hormonellen, chemischen Reaktionen meines Gehirns herrühren. Über Tage und Wochen hinweg stimmte etwas ganz klar nicht in meinem Herzen, während ich ihren Exodus aus meinem Leben verfolgte.

Nun war sie einen halben Ozean entfernt und umgeben von den Redwood-Wäldern von Nordkalifornien. Eine sehr angenehme Entfernung für jemanden, den du nicht magst, aber eine sehr schmerzvolle Distanz für deine Wahre Liebe. Ich wusste zu dieser Zeit nicht, dass der Schmerz in meiner Brust, dieses starke Unwohlsein, das ich hatte, der heilige Ruf meiner Dualseelengeliebten war.

Mein Herz war aufgrund der Abwesenheit von Sophia gebrochen, obwohl sich der Rest von mir sehr gut damit fühlte. Ich hatte eine neu gewonnene Energie und Freude für das Leben. In den Wochen nach ihrer Abreise vervierfachte ich sogar die Größe meiner Dschungelhütte. Wenn ich jedoch mein Herz einschaltete, wusste ich, dass es Sophias Namen rief. Ich kann wenig tun, um mein Herz zu kontrollieren, wenn es mich irgendwohin führt. Es war seit vielen Jahren meine wichtigste Quelle zur Orientierung und wenn es mich ruft, bin ich weise genug, zuzuhören.

Ich rief Sophia kurz danach an und brachte meine leidenschaftliche und unsterbliche Liebe für sie zum Ausdruck. Ich schilderte ihr, wie die Distanz und Trennung mir meine Liebe für sie vor Augen führte, und dass wir, koste es, was es wolle, wieder zusammen sein müssten. Ihre Antwort darauf war lustlos und ziemlich entmutigend für mich, doch sie hat mich auch nicht aufgehalten. Ich wusste, dass ich Sophias Herz um jeden Preis zurückgewinnen musste. Ich dachte, ich hätte ihr Herz gebrochen und sie verletzt, indem ich mit ihr Schluss gemacht habe, als ich sie bat, mein Zuhause zu verlassen.

Es dauerte nicht lange, bis sie mich wieder mochte und sich von mir als meine Freundin bezeichnen ließ. In dieser Aufwärmphase kaufte ich mit Geld, das ich kaum hatte, ein Flugticket, um sie zu besuchen. Ich wusste einfach, dass ich es tun musste, weil mein Herz rief und es mich zu meinem Schicksal führte. Aber kurz darauf wurden die Dinge schwierig, und zwei Wochen bevor ich abflog, hörte sie auf, mit mir zu reden. Sie schien alles zu tun, was sie konnte, um mich zu verletzen und mich davon abzuhalten, sie zu lieben. Mein Herz war ernsthaft verletzt, aber es rief immer noch ihren Namen. Ich glaubte, dass meine Präsenz tiefe Klarheit in ihrem Geist schaffen würde. Ich war noch niemals zuvor so wild und leidenschaftlich in jemanden verliebt. Niemals zuvor war mein Herz so klar und entschlossen, trotz massiver Angriffe und Verletzungen seiner Geliebten.

Sophia nahm sich einen neuen Tanzpartner, um sich von mir abzulenken. Ich wusste, ich könnte ihr Herz trotzdem von jedem Mann im Sturm zurückerobern, sogar wenn er sich für brasilianischen Tanz begeisterte und Sophias Muttersprache sprach.
Als ich ankam, entmutigte mich ihre Stimmung sehr. Ich hatte nicht vor, aufzugeben, bevor ich nicht genau wusste, was sie empfand und warum sie so fühlte. Die ganze Zeit über sagte mir mein Herz, dass sie mich liebte, außer ich würde bald herausfinden, dass dem nicht so war.

Ihr neuer Freund, der Tanzpartner, war alles, worüber sie während meines Besuchs reden konnte, und sie wollte nichts mit mir zu tun haben. Ich traf den Kerl sogar (zum gewaltigen Leid und Trauma meines Herzens). Schließlich wurde es sehr klar; und ich wusste, dass ich Sophia gehen lassen musste.

Auf der Zugfahrt zurück nach LA fühlte ich Frieden, weil ich wusste, dass mein Herz nicht versagt oder mich in die Irre geführt hatte.

Etwas enorm Positives muss als Resultat all dessen geschehen. Mir war bewusst, dass all mein Liebeskummer und Schmerz mich zu etwas Wundervollem und Köstlichem führte. Oh, wie recht diese leise Stimme hatte, und oh, wie schwierig es war, dieser inneren Stimme nach all meinem Schmerz mit Sophia noch zuzuhören.

Ich kam nach Hause zu meiner Dschungelhütte auf Hawaii und machte mit meinem Leben weiter. Ich fing sogar an, eine andere Frau zu treffen. Sie half, aber natürlich hielt es nicht lange. Doch bevor ich mich versah, war ich wieder mein vollständiges Selbst. Ich hatte Sophia gerade erst vergessen, an dem Tag, als Shaleia mir zum ersten Mal eine Sofortnachricht sendete.

Shaleias Geschichte über ihre falsche Dualseele

Seit 2010 suchte ich gezielt nach meiner Dualseele und bereitete mich spirituell auf sie und unsere Harmonische Einheit vor. Zwei Jahre später zog ich durchs Land nach Sedona, Arizona. Ich war mir sicher, dass ich im Epizentrum der spirituellen Gemeinschaft war, besonders mit all den spirituellen Vortex-Energien in und um Sedona. Ich hatte keinerlei Zweifel, dass ich hier dem Mann meiner Träume begegnen würde. Ich ahnte nicht, dass in diesem Gedanken eine Halbwahrheit lag. Es ist eben nicht so passiert, wie ich es erwartet hatte.

Bevor ich meine falsche Dualseele Jake traf, sagte ich zu meinen Geistführern, dass ich mir wünschte, so schnell wie möglich in meiner Dualseeleneinheit zu sein. Ich war 28 Jahre alt und wollte nicht noch länger warten als nötig, um mit ihm zusammen zu sein. Meine Geist-

führer (die auch Dualseelen waren) sagten mir, dass es möglich wäre, aber ich würde eine Entscheidung treffen müssen: entweder kann ich den langsamen Weg in meine Einheit wählen oder den schnellen Weg. Der langsame Weg wäre in gewisser Weise einfacher und sanfter gewesen, jedoch länger, um meine Einheit zu erreichen, aber ich war bereit, die Trennung zu meiner Dualseele so schnell wie möglich zu beenden. Ich war schon 28 Jahre ohne ihn, deshalb – lasst uns mal anfangen! Das war meine Einstellung. Ich wollte, dass es schnell geht, deshalb wählte ich die schnelle Route. Aber was bedeutete es überhaupt, die Abkürzung zu nehmen? Ich fragte nicht, weil es mir aufgrund meines starken Wunsches, jetzt meine Harmonische Dualseeleneinheit zu haben, egal war.

*Das ist zum Teil der Grund, warum ich meine falsche Dualseele anzog, es ist eine Abkürzung, um alte Energieblockaden und Muster zu beseitigen, die ich in Beziehungen hatte, und es ermöglichte mir, mich auf eine Schwingung zu bringen, auf der ich meine wahre Dualseele anziehen konnte. Als ich Jake traf, war ich aufgrund seiner Art, wie er sich mir präsentierte, zutiefst überzeugt, dass er meine Dualseele war, also war es wahr für mich. Ich glaubte, dass all die Zeichen da waren, rechtfertigte sogar angebliche Synchronizitäten, während ich all die echten Zeichen, dass er **nicht** meine wahre Dualseele war, verpasste - sogar verleugnete.*

Er war der stereotype attraktive Hippie-Typ, der an der Spitze des New-Age-Denkens zu sein schien (oder so projizierte ich es). Er behauptete, ein erstaunliches dreifaches Wassermannzeichen zu sein, das nur Superfood isst, und er stand darauf, energieheilende Halsketten zu tragen. Er half auch dabei, spirituelle Festivals im Umkreis der

Westküste zu organisieren. Jake präsentierte sich selbst als einen hochentwickelten bewussten Mann, der mit meinem spirituellen Wachstum und Weg Schritt halten könnte, weil er eifrig auf seinem war.

Oh wie betrogen ich mich fühlte, als die wirkliche Wahrheit herauskam! Ich sah ein Warnsignal nach dem anderen und ignorierte diese <u>immer noch</u> bewusst, und konzentrierte mich nur darauf, was ich mir zu sehen wünschte (dies nennt man Selbsttäuschung, und darum erlebte ich es, betrogen und manipuliert zu werden). Ich fühlte mich nicht gestärkt und unterstützt in unserer Beziehung. Alles, was Jake tat, war, von mir und meinen Ressourcen zu nehmen, alle um ihn herum zu beschuldigen, und er erwartete von mir, mich seinem Willen zu beugen (mich zu kontrollieren), und nutzte seine Mitmenschen gezielt aus und spielte das Opfer, wenn er zur Rede gestellt wurde.

*Innerhalb von zwei Wochen, nachdem ich Jake auf dem Sedona Yoga Festival begegnet war, zogen wir zusammen. Ich war die ganze Zeit ausgelaugt in seiner Nähe, weil er mir meine reine Energie mit seiner Bedürftigkeit und seinem co-abhängigen Verhalten raubte. Wann auch immer wir Streit hatten, gab es nie **irgendeine** gemeinsame Lösung, egal wie sehr ich es versuchte, positive Kommunikation und Heilung mit ihm auszuüben. Er traf wichtige Entscheidungen für uns im Alleingang, ohne mich einzubeziehen oder sich mit mir abzusprechen, und er hatte kein spirituelles Ziel oder den Wunsch, persönlich oder gemeinsam als Paar zu wachsen. Er lud, ohne mich zu fragen, Leute – die ich weder kannte noch je zuvor getroffen hatte – zum Übernachten in unsere Einzimmerwohnung ein, und er war nicht daran interessiert, gemeinsam unsere Beziehung über den Stand hinaus zu entwickeln, auf dem sie war, als wir uns anfangs kennenlernten. Die* *einzige Beziehung, die ich ihn haben sah, war die mit seinem Computer. Das erinnerte mich sehr an meinen leiblichen Vater, der seine Arbeit, seinen Computer und sein Handy als einen Sündenbock benutzte, um sich systematisch in Bezug auf seine Beziehungen, Gefühle und jede bedeutungsvolle Verbindung mit dem Leben zu betäuben.*

Ein weiteres großes Warnsignal war, wie offen er mit seinen Freunden und Bekannten über unsere Beziehung und meine privaten Angelegenheiten sprach. Mir wurde klar, dass ich in seinen Armen nie geliebt oder geschätzt wurde und ich immer nur einen geistesabwesenden, nicht geerdeten, betäubten und unbewussten Partner hatte, der in dem Moment aufhörte, mich zu umwerben, als er einzog, weil er erreicht hatte, was er wollte. Er wurde schnell sehr kalt und distanziert. Ich fühlte mich, als würde ich neben einem Fremden schlafen, weil mir klar wurde, dass wir tatsächlich Fremde waren und wir im Kern nichts gemeinsam hatten. Ich erlaubte mir, mich auf einen Kerl einzulassen, der, wie ich dachte, wie meine Dualseele „aussah" und „klang", aber in Wahrheit war er geistig, emotional und finanziell sehr missbräuchlich mir gegenüber. Als diese Ärgernisse aufgrund seiner schlechten Behandlung in mir aufkamen, heilte ich sie und entschied mich für die Liebe, aber Jake entschied sich nur für eine tiefere Trennung von mir. Ich zeigte mich immer als jemand, der Liebe und Heilung wählt, aber er zeigte mir fortwährend, dass er sich für Ego und Psychose entschied.

Ich wünschte mir einen bewussten Hippie-Mann, aber das Problem war, dass ich die Qualitäten, die ich mir an einem Mann wünschte, ***projizierte*** *und versuchte, ihn zu formen, der zu sein, von dem ich wollte, dass er es ist. Projektion entsteht aus einem Mangel in dir selbst, und erschafft eine Situation, in der du versuchst, das, was sich* *wenig anfühlt, in etwas oder jemandem außerhalb von dir erfüllt zu bekommen, anstatt zur Liebe (Gott) zu gehen und es von dort zu bekommen. Glücklichsein und Freude kommen niemals später, wenn du etwas bekommst, es ist eine Entscheidung und eine Einsicht, die du nur jetzt in deinem Innern erleben kannst.*

Bevor wir uns trennten, lebten wir einen Monat zusammen. Es war das perfekte Rezept für gebrochene Herzen und Nervenzusammenbrüche. Aber gleichzeitig eine perfekte Lektion bezüglich Gedanken und Glaubenssätzen, die ich hatte, die nicht mit meinem Göttlichen Selbst und meiner Harmonischen Dualseeleneinheit im Einklang waren; loszulassen, was ich dachte, wie mein idealer Partner aussehen und sein sollte, und zu lernen, nur das Göttliche in meinen Beziehungen zu unterstützen, anstatt das Ego. Kurz nachdem wir uns trennten, war ich in wirklich schlechter Verfassung. Die Situation um meinen Job im örtlichen Thai-Restaurant verschlimmerte sich, weil ich immer weniger Stunden bekam, und ich wusste, dass es ein Zeichen war, dass ich bald entlassen werden würde. Zusätzlich zu diesen bereits belastenden Situationen gab mir mein neuer Vermieter eine Monatsfrist, um auszuziehen, weil sie das Haus verkauften. Die Weihnachtszeit stand bevor, und ich fand keine andere Wohnungsmöglichkeit in meiner Preisklasse. Ich fühlte mich, als wäre ich auf einer höllischen Achterbahnfahrt gewesen, als ich mit der stürmischen Trennung und den anschließenden Folgen zu tun hatte. Ich beschloss, diese Erfahrung und all die Veränderungen, die mir passiert sind, zu nutzen, um mein spirituelles Wachstum und meine Entwicklung zu fördern. Ich hatte nicht den Wunsch, jemals wieder eine falsche Dualseele anzuziehen oder mich selbst in solch eine verletzliche Lage zu bringen. Eine einzelne falsche Dualseelenerfahrung ist wahrlich alles, was du jemals brauchst, um deine Lektionen zu empfangen und zu verstehen, die sie dich lehrt, um deine Harmonische Dualseeleneinheit zu erreichen. Entscheide dich dafür, liebevoll mit dir selbst zu sein und gehe nicht durch zahlreiche falsche Dualseeleneinheiten. Dies kannst du tun, indem du dich dazu entscheidest, sorgfältig darauf zu achten, was dir deine falsche Dualseele spiegelt, und dies zu heilen.

Damit ich beginnen konnte, wieder Ordnung in mein Leben zu bringen und vorwärts zu gehen, übte ich die Spiegelübung aus, die meine spirituelle Lehrerin mir beigebracht hatte. Ich fühlte aufrichtig alle meine Gefühle, als sie sich zeigten, und ich machte zahlreiche Orakel- und Tarotkartenlegungen für mich selbst, um zu erkennen, was die Lektionen in dieser falschen Einheit waren. Die Mehrheit meiner Lektionen hatte mit dem Projizieren meiner unerfüllten Bedürfnisse und Wünsche auf einen anderen zu tun, auf meine eigenen Kosten. Ich wusste, dass das, was Gott mir durch die Orakelkarten sagte, wahr war, weil ich es leid war, „alleine zu sein", und ein Teil von mir hatte Angst, dazu verdammt zu sein, für immer alleine auf dieser Erde zu wandeln. Als ich mich wieder mit meiner Heiligen Beziehung zu Gott verbunden hatte, heilte ich den Teil von mir, der sich allein und dazu verurteilt fühlte, für den Rest meines Lebens abgekoppelt zu sein. Denn dies waren nur einige der Gedanken, die direkt die Trennung von meiner wahren Dualseele erzeugten, und weshalb ich ihn nicht in meiner physischen Realität anzog. All diese Lektionen, die meine falsche Dualseele mir brachte, enthüllten sich langsam aber sicher als große Geschenke von Weisheit, Bewusstsein, Liebe und Heilung. Ich begann, meine Wut und meinen Groll zu verlieren und stattdessen Wertschätzung und Dankbarkeit für das zu entwickeln, was diese Seele mir brachte. Hätte es Jake oder meine Entscheidung, den Weg in meine Harmonische Dualseeleneinheit hinein zu beschleunigen, nicht gegeben, würde ich heute nicht dieses Buch schreiben und so vielen anderen helfen, ihre wahre Dualseele zu treffen und ihre eigene Harmonische Dualseeleneinheit zu erreichen.

*Aufgrund des extremen Kontrastes, den ich mit Jake erlebte, war ich mir äußerst klar darüber, was ich mir in meiner nächsten Beziehung wünschte. Ich erstellte eine umfangreiche zwei bis drei Seiten lange „Liebesliste", die als meine Sammlung von Standards diente, um mich wieder für ein Gegenüber zu öffnen, wenn ich bereit sein würde, und als ein „Visionboard" meiner perfekten romantischen Beziehung, und schließlich als Unterstützung beim Identifizieren meiner Dualseele, weil ich ihn schon in meinem Herzen kenne. Hier sind ein paar Beispiele dafür, was ich auf meine **Liebesliste** schrieb:*

1. Mein Partner hat ein angemessenes und regelmäßiges monatliches Einkommen, das eine Familie ernähren kann.

2. Er unterstützt mich körperlich, emotional, mental, spirituell und unterstützt mich dabei, eine Hausfrau und Mutter für die prägenden Jahre der Entwicklung unserer Kinder zu sein.

3. Er kennt seine Träume und Wünsche und manifestiert diese aktiv ins Leben. Er hat Charakterstärke, Durchhaltevermögen und eine klare Richtung im Leben.

4. Er investiert jeden Tag aktiv in die Erhaltung unserer Beziehung.

5. Er ist psychisch und spirituell ausgeglichen und gesund.

6. *Er besitzt Integrität und steht zu seinem Wort.*

7. *Es besteht eine natürliche Balance aus Geben und Nehmen in der Beziehung*

8. *Wir sind positive Vorbilder für andere Paare und unsere Familie*

9. *Er übernimmt 100 Prozent Verantwortung für seine Entscheidungen – keine Vorwürfe.*

10. *Er ist lösungsorientiert. Wann auch immer wir Herausforderungen in der Beziehung erleben, werden diese sie nicht zerstören, stattdessen benutzen wir Herausforderungen als ein Werkzeug, um unsere Beziehung zu vertiefen.*

11. *Er respektiert meinen persönlichen Freiraum und meine Freiheit.*

Beim Meditieren über meine Liebesliste erkannte ich, dass ich die Qualitäten, die ich mir von meinem Geliebten wünschte, selber auch habe und verkörpern musste. Erkennen, wer ich in meinem Kern bin und was ich zutiefst schätze, wird mir auf natürliche Weise bei der Enthüllung helfen, wer meine Dualseele in ihrem Kern ist. Du wirst deine Dualseele nur an ihren inneren Qualitäten erkennen und nicht an ihren äußeren Qualitäten und ihrem Erscheinungsbild (Wink mit dem Zaunpfahl). Es dauerte ganze drei Monate nach meinem Erlebnis und meiner Erholung von meiner falschen Dualseele, bis ich schließlich meiner echten Dualseele begegnete. Ich wusste in meinem Herzen, dass ich wirklich bereit war. Ich hatte meine Hauptlektionen von mei-

ner falschen Dualseele gelernt, und vor allem hatte ich ihm und mir selbst für all das Ego, die lieblosen Gedanken und Handlungen in der Beziehung, vergeben. Ganz gemäß der Anleitung meiner spirituellen Lehrerin: **„Du musst ihn lieben, bevor du ihn verlassen kannst."** *Dieser Schritt der Erkenntnis und Heilung ist absolut notwendig, um tiefer in die Intimität mit deiner wahren Dualseele zu kommen.*

Nachdem ich Jeff ein paar Monate gedatet hatte, las ich ihm meine Liebesliste am Telefon vor. Bei allem, was ich ihm vorlas, sagte er: „Ja, ja, ja… das bin ich!" Es gab natürlich ein paar Dinge, die er noch nicht völlig verkörpert hatte (wie z.B. ein Vater zu sein und große finanzielle Unabhängigkeit zu erreichen), aber das kommt daher, dass es sich in der Entwicklung befindet… etwas, in das er gerade hineinwächst, wie ich es war. Ich war sowohl überwältigt als auch sehr beruhigt darüber, wie er meine Liebesliste perfekt verkörperte. Wenn ich jetzt darauf zurückschaue, bin ich nicht sonderlich überrascht, weil ich es in meinem Herzen schon immer wusste, wer meine Dualseele war. Wir sind Eins; und als ich zu dem Ort in meinem Herzen ging, wo wir Eins sind, war es leicht, unsere Kernwerte und Grundsätze zu identifizieren. Diese Kernwerte und Grundsätze spiegeln tatsächlich das Design unseres Seelenbauplans wider.

Wie man eine Falsche von einer Wahren Dualseele unterscheidet (gechannelt)

Als ein Göttlicher Kanal bin ich dazu fähig, Gott zu bitten, ein paar Zeichen zu senden, um zu zeigen, ob du deiner wahren Dualseele begegnet bist. Dies kann dir Klarheit darüber geben, ob du mit deiner wahren oder deiner falschen Dualseele zusammen bist. Es könnte Teil deines Weges sein, Erfahrungen mit einer falschen Dualseele zu machen, wie Shaleia und ich es taten, um die Hindernisse auf dem Weg zu deiner wahren Dualseele zu beseitigen, obwohl es keine notwendige Erfahrung ist. Denke daran, deine falsche Dualseele kann das Tor zu deiner wahren Dualseele sein, wenn du aus den Lektionen lernst und dich dafür entscheidest, die Kernblockaden, die deine falsche Dualseele dir aufzeigt, zu heilen, damit deine wahre Dualseeleneinheit eintritt.

Gottes neun Zeichen, dass du mit deiner Wahren Dualseele zusammen bist (gechannelt):

1. Deine Dualseele wird sich für dich vertraut anfühlen. Niemand auf der Welt fühlt sich so vertraut und so angenehm für dich an wie deine Dualseele. Nicht einmal deine Eltern kommen der Vertrautheit und Verwandtschaft gleich, die du mit deiner Dualseele fühlen wirst. Es kann sich so anfühlen, als ob ihr Freunde seit Lebzeiten seid, und dies ist absolut wahr. Dein engster menschlicher Freund ist deine Dualseele.

2. Deine Dualseele wird dieselbe Vision für ihr Leben haben wie du. Wenn du dir unklar über alles bist, dann wird sich deine Dualseele auch unklar sein. Sie wird all dieselben Dinge für sich selbst haben wollen wie du. Sie wird eine klare Vision für euer gemeinsames Leben mit dir teilen, wenn du dir die Arbeit machst, eine klare Vision zu entwickeln. Ihre persönliche Vision ergänzt und bereichert auch deine eigene.

3. Deine Dualseele wird sich dieselben Dinge vom Leben wünschen wie du. Sie wird gleiche Erfahrungen machen und gleiche Einsichten gewinnen wollen. Sie wird sich nicht alles exakt genauso wünschen wie du, weil sie keine Kopie von dir ist.

4. Deine Entscheidungen zur Lebensweise werden sich mühelos mit denen deiner Dualseele angleichen, wenn ihr euch individuell und gemeinsam die Zeit nehmt, klar über eure Entscheidungen zu werden.

5. Deine Dualseele wird dieselben Dinge schätzen wie du, wenn ihr beide euch über eure Werte klar werdet. *Eine gute Möglichkeit, um eine falsche Dualseele zu identifizieren, ist, dir über deine Werte mit deinem Partner klar zu werden.* Keine wahre Dualseele wird es meiden, die Arbeit mit dir zu tun, wenn es deine ehrliche Absicht ist, deine spirituelle Arbeit zu tun und dir über deine Werte klar zu werden.

6. Deine Dualseele wird dich im Kern mehr als alle anderen lieben. Eine falsche Dualseele kann viele weitere Liebesgeschichten haben, aber deine wahre Dualseele wird niemals wirklich einen anderen Menschen so sehr lieben, wie sie dich liebt. Du weißt, dass du vor langer Zeit deine Dualseele verlassen hast, wenn du diese Person immer noch aufrichtig aus tiefstem Herzen liebst, selbst wenn du es unerträglich findest, in ihrer Nähe zu sein.

7. Deine wahre Dualseele wird dich immer lieben. Du wirst es wissen, wenn du dich auf dein Herzzentrum einstimmst.

Deine Dualseele wird dich in der Liebe niemals verlassen und wird ihre Liebe niemals wirklich entziehen. Sie kann es nicht, weil sie du IST.

8. Deine wahre Dualseele wird immer aufrichtig deine Gesellschaft genießen. Wahre Dualseelen fühlen sich wohl und gelassen in der ehrlichen und authentischen Gegenwart des anderen.

9. Wenn du tief in deinem Herzen meditierst, kannst du sehen, ob die betreffende Person exakt mit der Schwingung deines Seelenbauplans übereinstimmt.

Neun Zeichen, dass du mit einer Falschen Dualseele zusammen bist (gechannelt):

1. Eine falsche Dualseele wird dich regelmäßig verlassen. Sie wird Wege finden, sich von dir entweder emotional, spirituell oder körperlich zu trennen und von dir wegzukommen. Sie wird nicht daran interessiert sein, längere Zeitspannen mit dir zu verbringen, weil sie nicht dafür geschaffen wurde, längere Zeiträume in deiner Nähe zu sein.

2. Eine falsche Dualseele wird versuchen, dich darüber anzulügen, wer sie wirklich ist. Sie wird nicht wollen, dass du weißt, dass sie falsch ist, weil sie so viel Liebesenergie von dir bekommt, ohne wirklich etwas erwidern zu müssen. Eine falsche Dualseele wird höchstwahrscheinlich versuchen, so viel wie möglich von deiner Liebe zu nehmen,

ohne Liebe zurückgeben zu wollen.

3. Eine falsche Dualseele wird nicht deine Vision für die Zukunft teilen.

4. Eine falsche Dualseele wird weder *all* deine tiefsten Kernwerte mit dir teilen, noch wird sie sich dazu geneigt fühlen, spirituelle Arbeit mit dir zu machen, um gemeinsam eure Werte zu entdecken.

5. Eine falsche Dualseele wird wahrscheinlich versuchen, ihr wahres Selbst vor dir zu verbergen. Sie wird die tiefsten Teile ihres Selbst nicht ehrlich mit dir teilen wollen, auch wenn sie in die Ecke getrieben oder überredet wird, es zu tun.

6. Eine falsche Dualseele wird dir weder helfen, die Vision für dein Leben zu kreieren, noch wird sie sich dazu geneigt fühlen, Teil deiner Lebensvision zu sein.

7. Eine falsche Dualseele wird immer verhindern, dass du tiefer in die Verbindung mit ihr gehst, egal was du tust.

8. Eine falsche Dualseele wird nicht daran interessiert sein, deine schmerzhaften, inneren Fehlausrichtungen an die Oberfläche zu bringen. Sie wird mehr daran interessiert sein, jetzt deine Gegenwart zu genießen, wie du bist, und nicht daran interessiert sein, in dich zu investieren und dir zu helfen, mit deinem Göttlichen Selbst in Einklang zu

kommen, indem sie dein Kern-"Zeug" zur Heilung an die Oberfläche bringt.

9. Auf den ersten Blick erscheint deine falsche Dualseele wie deine wahre Dualseele, aber wenn du tiefer gehst, enthüllt sie dir, dass sie nicht das ist, was du suchst. Wenn du im Kern Liebe an den Stellen des Ärgernisses in dir selbst wählst, die deine falsche Dualseele dir spiegelt, wird sie trotzdem immer wieder Trennung statt Vereinigung wählen im Vergleich zu deiner wahren Dualseele, die dir deine Kernentscheidung in Liebe spiegelt und mit dir vereint sein würde.

Zusammenfassung

Egal, ob du deine falsche Dualseele oder deine wahre Dualseele gefunden hast, du bist auf dem richtigen Weg zu deiner Ewigen Göttlichen Einheit. Die falsche Dualseele ist eine Hilfe, um dich auf deine wahre Dualseeleneinheit vorzubereiten. Mach dir keine Sorgen, wenn du feststellst, dass deine wahre Dualseele mit einer anderen Person verheiratet ist und Kinder hat. Du und deine Dualseele werdet immer eine perfekte und harmonische Verbindung tief in euren Herzen haben, die niemals erschüttert werden kann. Diese Person kann wieder einen Weg in dein Leben finden, wenn du dich weiterhin dazu entscheidest, dem tiefsten Wunsch nach Liebe in deinem Herzen zu folgen. Gott gestaltet unsere Leben auf mysteriöse und wundervolle Weise. Wenn du in deinem Herzen einen tiefen Wunsch nach deiner wahren Dualseeleneinheit verspürst, dann wirst du bald herausfinden, dass deine Dualseele schon die ganze Zeit auch auf dich gewartet hat, und die Schritte voran zu deiner Harmonischen Dualseeleneinheit werden immer in Perfekter Göttlicher Ordnung enthüllt.

Kapitel 4

Deiner Dualseele begegnen

Shaleias Geschichte ihrer Dualseelenbegegnung

Ich werde niemals vergessen, wie Jeff und ich uns das erste Mal trafen. Es war wahrhaft magisch. Das Zimmer, das ich gemietet hatte, war sauber, ordentlich und bereit, ihn zu empfangen. Ich trug mein rotes Lieblingsshirt, mein Make-up sah gut aus, und ich hatte ein Essen gekocht, das im Schmortopf auf ihn wartete. Meine Mitbewohnerin sagte, dass ich ihr Auto ausleihen könnte, um ihn abzuholen. Ich war sehr erleichtert!

Er sollte um 17:30 Uhr am Comfort Inn abgesetzt werden. Ich wartete dort bereits zur verabredeten Zeit. Ich war unglaublich nervös und aufgeregt, den Mann zu treffen, mit dem ich seit den letzten vier Monaten eine sagenhafte Online-Beziehung hatte. Ich trank wie verrückt Kokosnusswasser, um meine Nerven zu beruhigen, und ich überprüfte im Autospiegel immer wieder, ob mein Make-up in Ordnung war. Zehn lange Minuten vergingen, bevor ich durch meine Heckscheibe sah, wie sich der Flughafenshuttle seinen Weg auf den Parkplatz bahnte. Mein Herz klopfte jetzt noch stärker in meiner Brust.

Die Fahrerin stieg aus, um die Heckklappe zu öffnen und Jeffs Gepäck aus dem Wagen zu holen. Ich konnte Jeff noch nicht aus dem Fenster sehen, aber ich wusste, dass es Zeit war, aus dem Auto zu steigen und mich ihm vorzustellen. Ich ging um die Rückseite des Shuttles herum, als die Fahrerin die Heckklappe schloss. Ich sah Jeff mit dem Rücken zu mir gewandt in etwa sechs Metern Entfernung. Er zog sein Gepäck hinter sich her, während er an der Ecke des Motel-Gebäudes nach mir suchte. Der Flughafenshuttle begann aus seiner Parklücke herauszufahren, als ich seelenruhig seinen Namen schrie: „Jeff!" Er warf mir sofort einen Blick zu und im Bruchteil einer Sekunde, mit einem riesigen Lachen auf seinem Gesicht, rannte er zu mir, während er sein Gepäck auf den Boden fallen ließ, seine Kappe und Sonnenbrille herunterwarf und seine Schuhe von sich schleuderte. Ich habe niemals zuvor in meinem ganzen Leben jemanden so fröhlich und glücklich erlebt, mich zu sehen. Ich breitete meine Arme ganz weit aus, um ihn zu empfangen, als ich weiter in seine Richtung ging.

Von einem Augenblick zum anderen umarmten wir uns in völliger Liebe, Vereinigung und Glückseligkeit. Es war die Göttlichste und bereicherndste Umarmung, die ich jemals erlebt hatte. Wir hielten uns mindestens eine Minute lang in den Armen, aber es fühlte sich länger an. In seinen Armen gab es dieses Gefühl von Zeitlosigkeit und ewiger bedingungsloser Liebe. So muss Gott sein.

Etwas in seiner Berührung reichte bis tief in meine Knochen, und ich gestand mir ein, dass er der Eine ist, mit dem ich mir wünschte, mein ganzes Leben zusammen zu sein. Mein Herz schlug immer noch unglaublich stark und schnell gegen seine Brust. Ich fühlte diesen natürlichen, energetischen Austausch, der zwischen uns stattfand. Da war diese RIESIGE Energie von purer Liebe, die zwischen uns auf eine Weise zirkulierte, die ich niemals zuvor mit jemandem erlebt hatte. In seiner Umarmung zu sein, fühlte sich wie „zu Hause" an. Ich dachte, ich hätte dieses Erlebnis zuvor mit einem anderen, aber nicht nach diesem Erlebnis. Es übertrumpfte jedes alte Gefühl und jede Vorstellung von „zu Hause", die ich vielleicht mit einem anderen hatte.

Ich sagte Jeff, dass ich mir wünschte, ihm in die Augen zu sehen. Wir lösten unsere Umarmung, als sich unsere Augen trafen, und wir schauten einander liebevoll an. Er war online schon ziemlich gutaussehend, aber in Wirklichkeit war er noch attraktiver. Ich fühlte mich geehrt, dass ich solch einen zutiefst liebevollen, spirituellen und körperlich hinreißenden Mann manifestierte. Von allen Träumen, die ich für mich selbst hatte, war körperlich mit meiner Dualseele vereint zu sein, der wichtigste. Tränen bildeten sich in seinen Augen. Ich war so gerührt, dass mir auch Tränen über meine Wangen liefen. Ich genoss es, Jeff zum ersten Mal zu sehen und ihm in die Augen zu schauen, ohne Computerbildschirm dazwischen. Das Gefühl der Erleichterung war gegenseitig.

Jeff fragte, ob wir uns auf eine Bank neben dem Motel-Eingang setzen und für ein paar Minuten entspannen könnten. Wir holten sein Gepäck und setzten uns, während wir langsam das Ausmaß unserer Begegnung verarbeiteten. Nach einer Weile beschlossen wir, dass wir unsere Vereinigung am besten bei mir zu Hause fortführen sollten. Wir kamen zurück vom Motel und ich führte ihn durchs Haus. Am Ende der Tour gingen wir zu meiner hinteren Veranda mit heißem Kräutertee in unseren Händen. Irgendwie ruinierte ich versehentlich unser Schmortopf-Abendessen, aber es spielte keine Rolle, wir plauderten und hielten Händchen bis der Mond und die Sterne hell am Wüstenhimmel leuchteten und UFOs über den Vortices schwirrten. Meine Dualseele zu treffen fühlte sich anders an, als mit jedem anderen, mit dem ich jemals in meinem Leben verbunden war. Es war innig, zutiefst kraftvoll und authentisch. Das beste Treffen, das ich mir je erhoffen oder vorstellen konnte.

Ich hatte vorher seit Monaten meine Vermutungen, dass Jeff meine wahre Dualseele war, insbesondere nachdem ich ihm meine Liebesliste vorgelesen hatte, und dadurch, wie ich mich fühlte, wenn wir miteinander redeten. Die inneren und körperlichen Gefühle die ich hatte, als wir uns zum ersten Mal auf dem Parkplatz trafen, waren für mich äußerst überzeugend, aber ich brauchte eine weitere Bestätigung, um sicher ohne jeden Zweifel herauszufinden, dass Jeff meine Dualseele war. Am nächsten Tag legte ich mich hin, um zu meditieren und um mich mit meinem Göttlichen Schöpfer zu verbinden. Fast zur gleichen Zeit, als ich meine Augen schloss, öffnete sich mein drittes Auge weit mit einem sehr deutlichen Dualseelenzeichen, das die Hälfte meines Gesichts und die Hälfte von Jeffs Gesicht als Ein Gesicht zeigte. Es war kein „Verschmelzen" (da das nicht existiert), aber ein klares und erkennbares Zeichen, damit ich verstehen würde, dass Jeff wirklich meine wahre Dualseele war. Ich hörte sogar Gottes Stimme in meine Ohr-Chakren flüstern, dass Jeff meine wahre Dualseele ist, und Er sagte zu mir, dass die Suche endlich vorbei ist. Ich saß aufrecht und betrachtete das Gesicht meines Geliebten und alle restlichen Zweifel, die ich besaß, waren vollständig weggespült und durch absolute Gewissheit ersetzt. Ich hatte mein Drittes-Auge-Chakra seit mehr als 10 Jahren bewusst entwickelt, daher vertraute ich den Visionen, die ich von Gott empfing, vorbehaltlos. Ich vertraute auch den Channeling-Fähigkeiten meiner spirituellen Lehrerin und ihrer Beziehung zu Gott, um abermals für uns beide zu bestätigen, dass wir tatsächlich Dualseelen sind.

Die Entscheidung vor der Begegnung

Bevor du deiner Dualseele begegnest, musst du eine Entscheidung treffen. Wenn du dir wirklich wünschst, mit deinem Ultimativen Geliebten zusammen zu sein, wirst du entscheiden müssen, ob du wirklich mit ihm zusammen sein willst oder nicht. Darum ist der erste Schritt, mit deinem Herzen zu entscheiden, mit deiner Dualseele zusammen zu sein und deine Harmonische Dualseeleneinheit zu haben.

Diejenigen von euch, die bereit sind, vorwärts zu gehen und mit ihrer Dualseele zusammen zu sein, können fortfahren und diese Übung jetzt durchführen. Für diejenigen von euch, die noch unsicher sind, ist es sicher, die Übung zu überspringen und später darauf zurückzukommen. Sie wird immer für dich da sein, wenn du bereit bist.

Meditationsübung, um deine Dualseele anzuziehen

Nimm dir einen Moment Zeit, um dich zu zentrieren und einen Raum in dir zu erzeugen. Nimm einen tiefen Atemzug und entspanne dich. Es ist genauso einfach, diese Übung mit offenen oder geschlossenen Augen durchzuführen. Du kannst gerne innehalten und Pausen beim Visualisieren einlegen, solange wie es sich für dich gut anfühlt.

Atme langsam dreimal ein und aus, während du dich auf dein Herzzentrum fokussierst.

Wenn du dich dazu bereit fühlst, dich nur von deiner Vorstellungskraft führen zu lassen, wirst du dich selbst an einem wunderschönen, friedlichen, stillen und sicheren Ort wiederfinden.

Du nimmst wahr, dass sich neben dir etwas bewegt. Schaue hin und sieh mal nach, was es ist.

Es ist deine Dualseele. Nimmst du ihre Offenheit dir gegenüber wahr?

Um dich zu entscheiden, deine Dualseele in dein Leben zu bringen, musst du sie nur noch dazu einladen, zu dir zu kommen und sich neben dich zu setzen. Dein Unterbewusstsein weiß, was es bedeutet, wenn du deine Dualseele einlädst zu kommen und sich neben dich an diesen sicheren Ort zu setzen. Du hast jetzt deine Dualseele in dein Leben eingeladen. Wenn es irgendetwas gibt, was du deiner Dualseele gerne sagen möchtest, teile es ihr mit und höre hin, ob sie dir irgendetwas darauf antworten möchte. Verbringe weiterhin so viel Zeit mit deiner Dualseele, wie du möchtest.

Bleibe in dieser Energie mit deiner geliebten Dualseele, bis sich diese Übung fertig für dich anfühlt.

Es gibt nichts mehr zu tun. Die Übung ist abgeschlossen und du hast deinem Unterbewusstsein und ALLEM was du bist, deine Entscheidung mitgeteilt, die du getroffen hast, um deine Dualseele in dein Leben zu bringen. Das ist das Wichtigste, das du tun kannst, um deine Dualseele anzuziehen: dich dazu entscheiden, sie in deinem Leben zu haben.

Zwei der mächtigsten Eigenschaften, die wir haben, sind die Entscheidung und der freie Wille. Es gibt nichts, das uns unsere Entscheidung und unseren freien Willen nehmen kann. Die ureigensten Grundlagen unseres Seins sind Entscheidung und freier Wille. Du hast die Freiheit, zu wählen und deine Entscheidungen haben enorme Kraft, derer du dir vielleicht noch nicht bewusst bist. Dich dafür zu entscheiden, deine Dualseele mit der Übung weiter oben einzuladen, bedeutet, dich dafür zu entscheiden, deine Dualseele dauerhaft in deinem Leben zu haben. Um dich wahrhaftig für deine Dualseele entschieden zu haben, musstest du sie zuerst haben wollen. Du kannst gerne jederzeit diese Übung wiederholen, wenn du fühlst, dass du dich *anders entschieden* hast. Du kannst diese Übung so oft durchführen, wie du möchtest, und die Übung stellt auch eine wunderbare Möglichkeit dar, dich mit deiner Dualseele zu verbinden, während du im Prozess bist, mit ihr in die Harmonische Dualseeleneinheit zu kommen.

Deine Dualseele anziehen

Du hast bereits den Wunsch nach deiner Dualseele und du hast es bewiesen, indem du in Material investiert hast, das dir hinsichtlich deiner Einheit weiterhilft. Ganz egal, ob du die Übung durchgeführt hast oder nicht, wir werden jetzt weiterhin deine Dualseele anziehen, indem wir durch das hindurcharbeiten, was auch immer in dir auftaucht. Du hast möglicherweise bereits eine subtile Veränderung in deiner Realität und Energie bemerkt, seitdem du mehr über dieses Buch lernst und sogar seit du es zur Hand genommen und die Seiten durchgelesen hast. Du fühlst dich vielleicht anders oder nicht, aber eines steht fest: Wenn du die Übung durchgeführt hast, dich für deine Dualseele zu entscheiden, wird sich dein Leben verändern. Es wird vielleicht anfangs nicht dramatisch sein, genau genommen wird es wahrscheinlich sehr subtil und womöglich gar nicht bemerkbar sein. Eine Entscheidung zu treffen, verändert alles. Deine Entscheidungen haben enorme Kraft und du kannst diese Kraft nutzen, um in deiner Realität etwas zu erschaffen.

Jetzt sofort werde ich dir zeigen, wie du deine Dualseele anziehst. Genauso verlässlich wie 2 + 2 = 4 sind. Du wirst deine Dualseele anziehen, wenn du präzise den Schritten folgst, die in diesem Buch dargestellt werden. Deine Dualseele anzuziehen kann leicht sein, auch wenn du wahrscheinlich oftmals versucht sein wirst, zwischendurch aufzugeben. Aber wenn du aufgibst, kannst du dich jederzeit dazu entscheiden, wieder aufs Pferd zu steigen, indem du die *Meditationsübung, um deine Dualseele anzuziehen,* durchführst.

Es ist an der Zeit, unsere Dualseelenreise gemeinsam fortzusetzen. Das ist weder „Hokuspokus", noch ist es Zauberei oder eine Fantasiegeschichte, es ist das einfachste und grundlegendste Gesetz des Universums und seit Jahrhunderten ist darüber geschrieben worden. Ja, es ist das *Gesetz der Anziehung* in Aktion, das organisierende Prinzip unseres Universums. Ich werde dir genau Schritt für Schritt zeigen, wie du deine Dualseele anziehst. Du wirst geführt von deiner Entscheidung, über die Begegnung, den gesamten Weg bis hin zum BEHALTEN deiner Dualseele für den Rest deines Lebens in Harmonischer Dualseeleneinheit.

Gott sagte mir, dass 80 Prozent aller Dualseeleneinheiten auseinandergehen, bevor sie gemeinsam ein ganzes Leben bestehen. Das liegt an der enormen Schwierigkeit, die Seelen erleben, solch einen mächtigen Geliebten und Lehrer in ihrem Leben auf der Erde zu behalten. Ich habe mit größter Überzeugung entschieden, ein Leben lang in meine Dualseeleneinheit zu investieren und ich werde dir die Werkzeuge zeigen, die ich habe, damit du auch eine unaufhaltsame und dauerhafte Harmonische Dualseeleneinheit erschaffen kannst. Menschen in jeder Form von Beziehung, sogar mit ihrem Seelenverwandten, können diese Werkzeuge anwenden, um ebenfalls glückliche, gesunde und ausgeglichene Beziehungen zu kreieren. Es bleibt dir überlassen, diese Werkzeuge je nach Belieben zu nutzen. Gottes Statistik sagt mir, dass ohne diese Werkzeuge, die ich dir vorstelle, die meisten Menschen voraussichtlich nicht für ein Leben lang in ihrer Dualseeleneinheit bleiben werden. Aber mit der richtigen Anleitung, den richtigen Entscheidungen und den richtigen Werkzeugen KANNST du mit deinem Ultimativen Geliebten für den Rest eures ewigen Lebens zusammen sein. Du glaubst mir nicht? Das ist in Ordnung. Du brauchst nichts zu glauben, ohne dass es bewiesen ist. Aber die einzige Möglichkeit für dich, um das herauszufinden, ist, aufrichtig ein begeisterter Lernender zu werden und dich dem Prozess, den ich dir zeige, hinzugeben. Du kannst lediglich die Schritte ausführen. Du brauchst nicht zu glauben, dass die Straße nach Phoenix dich von Los Angeles aus dorthin bringt, du brauchst sie nur zu fahren. Oder laufe sie, wenn du verrückt bist.

Sei präsent mit dem, was sich zeigt

Solche Dinge passieren in deinem Leben so natürlich und automatisch, dass du den Unterschied wahrscheinlich gar nicht bemerken wirst. Du musst nicht erkennen, dass es passiert, damit du deine Dualseelenreise fortsetzen kannst. Du solltest wirklich präsent sein, mit dem, was sich zeigt. Du musst dich stellen, bewusst und präsent sein, mit was auch immer in deinem Leben geschieht, und was in dir geschieht.

Stell dir vor, du würdest die *Meditationsübung, um deine Dualseele anzuziehen* durchführen und eine Woche später kommt ein neuer potentieller Partner in dein Leben. Stell dir für einen Moment vor, dieser Partner wäre absolut nicht das, was du suchst. Du willst deine Dualseele! Du wünschst dir deinen Ultimativen Geliebten. Deshalb liest du dieses Buch. Jedoch kommt Sam Schmoe entlangspaziert, bereit, um dich für ein paar Monate von den Socken zu hauen, oder eine Woche, und dann – nichts. Gar nichts! Wie viele Male gingst du schon mit einem Sam aus? Dreimal? Fünfmal? Mehr als genug? Ich sage dir jetzt, dich wieder mit Sam zu verabreden, sogar wenn Sam eindeutig nicht deine Dualseele ist.

Dies sind die Rahmenbedingungen, innerhalb derer ich meine Empfehlung abgebe: Wenn es dich reizt, mit Sam auszugehen, es dich lockt und deine Lebenserfahrung bereichert, dann tue es. Gehe mit Sam Schmoe aus. Sam ist das Tor zu deiner Dualseele. Sam zeigt dir etwas und gibt dir ein Zeichen, voran in Richtung deiner gewünschten Dualseelenrealität. Sam zeigt dir, was nötig ist, um deine Dualseele anzuziehen und Sam wird entweder auf natürliche Weise wegfallen, um den nächsten Schritt zu enthüllen oder er enthüllt sich selbst und stellt sich als deine wahre Dualseele heraus! Du musst möglicherweise mit Sam ausgehen und die Muster beseitigen, die in dir existieren, um es zu deiner Dualseele zu schaffen. Es handelt sich dabei um die Muster, die dich davon abhalten, momentan physisch mit deiner Dualseele zusammen zu sein. Dies sind die Schritte, die du benötigst, um deine wahre Dualseele zu enthüllen.

Eines deiner Muster könnte sein, immer wieder die gleiche Art von Partner anzuziehen, der dich misshandelt und ausnutzt. Eines deiner Muster könnte ebenso sein, jemanden zu finden, der perfekt aussieht und sich perfekt anhört, aber letztendlich nicht das ist, was er zunächst schien. Dein Muster könnte ebenso sein, dass du vor jemandem davonläufst, der aufrichtig versucht, Kontakt herzustellen und dich zu lieben. Kläre deine Muster und du klärst den Weg zu deiner Dualseele.

Es ist sicher, mit Sam auszugehen, es ist sicher, es mit Sam zu ergründen, es ist gesund und natürlich für dich, mit Sam deine Erfahrungen zu durchlaufen. Sam will vielleicht nicht dieselben Dinge wie du, aber etwas an Sam fasziniert dich vermutlich, verleitet dich, macht dich neugierig, mit ihm Zeit zu verbringen und macht dir Lust darauf, ihn besser kennenzulernen. Es ist diese belebende Energie, die bewirkt, dass du Kontakt mit ihm willst und es ist dieses spezielle Gefühl, dem du folgen musst, um deinen Perfekten Partner anzuziehen. Diese Energie, die du spürst, dieselbe Energie die du fühlst, wenn du dich entscheidest, mit deiner Dualseele zusammen zu sein, wird im Laufe deines Lebens immer wieder auftauchen und verschwinden. Das ist ganz normal. Das ist der geheime Faden, dem du folgen musst. Am anderen Ende dieses geheimen Fadens ist dein Ultimativer Geliebter, deine Dualseele und Perfekte Liebe.

Krieche nicht auf dem Boden umher, um nach diesem Gefühl zu suchen, wenn es verschwindet. Der geheime Faden wird dich immer zu deinem nächsten Schritt führen und nur das. Er verschwindet fast immer, wenn du die Türöffnung findest und hindurchgehst. Bis er dir die nächste Tür zeigt, ist es deine Aufgabe, weiter durch das zu arbeiten, zu was auch immer er dich in erster Linie geführt hat. Es kann Wochen, Monate oder Jahre dauern, bevor er wieder auftaucht, aber du musst diesem Gefühl treu bleiben, um dich selbst an der Türöffnung zu deiner Dualseele wiederzufinden. Sam ist einfach ein typisches Beispiel dafür, was passiert, wenn du deine Dualseele wählst.

Letztendlich ist es wichtig, weiter nach innen zu gehen und deine spirituelle Arbeit zu machen, um sämtliche deiner Blockaden zu finden, die dich gerade daran hindern, deine Dualseele zu finden und anzuziehen, ebenso wie die Harmonische Einheit mit ihr zu erreichen. Du kannst deine wahre Dualseele immer wieder herbeirufen, aber wenn du gerade große Angst hast und Widerstand hegst, deine Dualseele zu treffen und mit ihr zusammen zu sein, oder dich beispielsweise unwürdig ihr gegenüber und ihrer Liebe fühlst, dann blockierst du gerade die Möglichkeit, ihr leibhaftig zu begegnen oder sie wirklich als deine Dualseele zu erkennen, wenn diese Person bereits in irgendeiner Weise in deinem realen Leben ist.

Im nächsten Kapitel zeige ich dir, wie man solche Blockaden auflöst und sie stattdessen mit der Wahrheit der Liebe ersetzt. Dies ist der Weg zu deiner Dualseele in dauerhafter Harmonischer Einheit, und es ist der Schlüssel zu deiner spirituellen Befreiung von Illusion hin zum Einheitsbewusstsein.

Kapitel 5

Die Spiegelübung:
Das einzige Werkzeug, das du brauchst

Du wirst durch dieses Buch auf eine Reise mitgenommen, die dich zu deiner Dualseele und in die Harmonische Einheit mit ihr führt. Keine Sorge, falls du das Gefühl hast, dass du bisher noch keine der Teile zusammengefügt hast, denn sie werden sorgfältig in einer ganz bestimmten Reihenfolge für dich ausgelegt. Dir wird genau das gezeigt, was du brauchst, um die dauerhafte Harmonische Dualseeleneinheit mit deinem Göttlichen Gegenstück zu finden und diese aufrechtzuerhalten.

Ich teile mit dir mein mächtigstes Werkzeug, um dir zu helfen, deine Dualseele anzuziehen und sie für immer zu behalten, von der Harmonischen Einheit zur Perfekten Einheit. Dieses eine Werkzeug ist so mächtig, es kann in jeder Situation benutzt werden, um dir zu helfen, was auch immer du dir wünschst, in deiner Realität zu erschaffen, aber zum Zwecke dieses Buches werden wir es auf das Finden und Erhalten deiner Dualseeleneinheit ausrichten. Dies ist ein spezifischer und wissenschaftlicher Prozess, den ich teile, und der ebenso zuverlässig und wiederholbar ist wie die mathematische Konstante pi ("π" = 3,14159), die das Verhältnis des Umfangs eines Kreises zum Durchmesser dieses Kreises darstellt.

Eines der Hauptzwecke der *Spiegelübung* ist es, deine Macht von allem zurückzunehmen, das dich unglücklich macht, und tatsächlich zu erkennen, dass nichts außerhalb von dir dich jemals glücklich machen kann, und ja, das beinhaltet sogar deine Dualseele. Wenn es also wahr ist, dass dich nichts außerhalb von dir glücklich machen kann, dann gibt es etwas in dir, das die Freude blockiert, die natürlicherweise stets in dir wohnt. Deine Dualseele kann dich nicht glücklich machen. Nur deine Beziehung zu Gott kann Glückseligkeit erzeugen. **Dich auf die Schwingung der Harmonischen Einheit mit Gott zu begeben, wird deine Dualseele auf natürliche Weise in dein Leben ziehen** *(Wink mit dem Zaunpfahl)*. Um jedoch dorthin zu gelangen, müssen wir damit beginnen, Gelegenheiten zu schaffen, um in uns zu gehen und die Blockaden zu unserer Glückseligkeit und unserer Harmonischen Dualseeleneinheit zu heilen.

Shaleia und ich haben viele verschiedene Heilungsmethoden aus aller Welt erlebt und erforscht. Nichts kam auch nur annähernd an die Heilungskraft der *Spiegelübung* heran. Meditation ist eine wundervolle Praxis, aber allein genommen ist es ein sehr langsamer Weg, um Erleuchtung zu erlangen, vor allem wenn du wirklich kein fortgeschrittener Experte der Meditation bist oder keinen erleuchteten spirituellen Lehrer hast. Wenn du die Spiegelübung mit Meditation, Yoga, Gebet oder anderen spirituellen Praktiken kombinierst, wirst du davon sehr profitieren und deinen spirituellen Fortschritt stark beschleunigen. Die Spiegelübung steht in keinem Widerspruch zu jeglichen spirituellen Praktiken. Sie ergänzt diese perfekt, und sie steht absolut und stark für sich allein genommen, als eine primäre spirituelle Praktik. Die Spiegelübung ist meine und Shaleias grundlegendste spirituelle Praktik; unsere zweite ist

Meditation, Kontemplation und Gebet; und drittens führen wir täglich Orakelkartenlesungen für uns selbst mit Gott durch. Wir haben diese speziellen spirituellen Praktiken ausgewählt, weil sie am besten für unseren Lebensstil und unsere individuelle und einzigartige Weise, uns mit dem Göttlichen zu verbinden und zu unterhalten, geeignet sind.

Der Grund, warum ich sage, dass die Spiegelübung mächtiger ist, als Meditation auf deinem Weg zur Erleuchtung, wie es vielen gelehrt wird, ist, dass die Spiegelübung darauf ausgerichtet ist, an all die Orte zu gehen, an denen du dich in deinem Innern am unangenehmsten fühlst und sie mit deinem Bewusstsein der Liebe zu heilen. In der traditionellen Meditation musst du in deinem Bewusstsein nirgendwo hingehen, wo du nicht hinwillst, oder an Orte in deinem Bewusstsein gehen, derer du dir noch nicht einmal bewusst bist; aber um deine Dualseele zu bekommen, musst du die zentralen Orte in deinem Bewusstsein heilen, die verärgert sind und die Auflösung und Linderung brauchen, besonders in den Bereichen der bedingungslosen und romantischen Liebe.

Die Spiegelübung: Eine neue & schnellere Methode, um die Göttliche Einheit zu erreichen

Diese heilige Praktik der *Spiegelübung* kann und wird dich den gesamten Weg unterstützen bis zu deiner Erleuchtung, auch bekannt als Selbstverwirklichung oder deinen Aufstieg. Denn die Erleuchtung wird dein natürlicher nächster Schritt sein, wenn du deine dauerhafte Harmonische Dualseeleneinheit erreichst. Die Praktik des Spiegelns endet erst, wenn du in die Perfekte Einheit (Aufstieg/ Erleuchtung) mit dem Göttlichen und deiner Dualseele kommst. Dies wird gleichzeitig im selben heiligen Moment geschehen.

Die Spiegelübung auszuführen, wird mit der Zeit immer einfacher. Es ist wichtig für dich, ein Tagebuch oder einen Notizblock zu haben, vor allem um die Spiegelübung aufzuschreiben, während du dabei bist, sie zu meistern. Wir empfehlen dies besonders, bis du die Grundlagen der Spiegelübung beherrschst und dich von jeglichem Widerstand befreit hast, diese spirituelle Übung durchzuführen. Wenn du den Widerstand loslässt, die Spiegelübung durchzuführen, und die Grundschritte sehr gut beherrschst, wirst du mit der Zeit lernen, wie du die Spiegelübung automatisch in deinem Bewusstsein ausführst, wenn Ärgernisse auftreten. Wenn du diesen Schritt erreichst, wirst du dir vielleicht eine Auszeit nehmen müssen, um alleine zu sein und dein(e) Ärgernis(se) in dir selbst zu spiegeln, aber wenn du noch geübter wirst, wird das „Endziel" sein, deine Ärgernisse spiegeln und sie fließend heilen zu können, auch wenn du gerade mitten in einem Ärgernis steckst.

Wenn du die Lücke zu deiner Harmonischen Einheit mit deiner Dualseele schließt, wirst du die Spiegelübung bis zu diesem Punkt gemeistert haben wollen. Denn wenn deine Dualseele sich auf eine Weise verhält, die dich triggert, wirst du in der Lage und spirituell reif genug sein, um vor Ort die Spiegelübung durchzuführen und dein Ärgernis mit deiner Dualseele zu heilen, anstatt einen Streit eskalieren zu lassen oder emotional dicht zu machen und dich selbst zu distanzieren. Während du das mit deiner Dualseele und auch deinen anderen Beziehungen tust (sie sind nicht davon ausgeschlossen, dass du ein Ärgernis spiegelst, das sie in dir hervorrufen), übernimmst du die volle Verantwortung für deine Gefühle, Emotionen und deine Heilung, ganz gleich was in deiner Erfahrung und deinem Bewusstsein auftaucht. Du bist immer dafür verantwortlich, was auch immer in dir auftaucht, zu spiegeln. Niemand sonst ist für deine spirituelle Arbeit verantwortlich oder wird es je sein.

Deine Dualseele und deine anderen Beziehungen sind nicht dazu verpflichtet, die *Spiegelübung* auszuführen oder ein Ärgernis zwischen euch beiden zu heilen. Du allein bist verantwortlich für dein Glücklichsein. **Niemand hat die Macht über dich, dich in JEGLICHER Weise gefühlsmäßig zu beeinflussen.** Das ist gewaltig, ich lade dich dazu ein, über die Macht meines vorherigen Satzes zu meditieren, denn wenn du es tust, wirst du letztendlich verstehen, wie befreiend das für dich, für andere Menschen und deine Beziehungen mit ihnen ist. Du wirst nie wieder den Wunsch haben, „Opfer" spielen zu wollen oder es anderen ermöglichen, die das gleiche Verhaltensmuster spielen, weil die Wahrheit zu mächtig ist.

Es gab schon Leute, die *lebten* dafür, zu versuchen, mich unglücklich zu machen, und letzten Endes wurden sie aus meinem Leben katapultiert, weil ich immer nur das Göttliche in mir und meinen Beziehungen unterstütze, und so mussten sie sich entweder dazu entscheiden, sich selbst zu verändern, um sich meiner Schwingung anzupassen, oder sich aus meiner Realität herausbewegen.

Mit deiner Dualseele gibt es eine andere Reihe von Regeln als die Regeln bei einer Nicht-Dualseelenbeziehung. Das liegt daran, dass du im Kern wortwörtlich Eins mit deiner Dualseele bist; wenn du dich für Liebe und Heilung entscheidest, indem du die Spiegelübung ausführst, wird sie ebenfalls die dadurch entstehende Einheit im Innern erleben, und du wirst anfangen, positive innere und äußere Ergebnisse in deiner Dualseeleneinheit festzustellen. Wenn du anfängst, klare Zeichen wahrzunehmen, während du die Arbeit machst, deine Ärgernisse zu spiegeln, und diese wahrhaftig heilst, erfährst du den Frieden, die Erleichterung und das Zusammensein, das du dir in deinem Leben und mit deiner Dualseele wünschst.

Ich kann dir gar nicht sagen, wie oft Menschen in meiner *Twin Flame Ascension School* die Spiegelübung benutzt haben, um eine Kommunikationsblockade mit ihrer Dualseele zu heilen, und mit sanftmütiger Liebe, Geduld und Beharrlichkeit wurde die Blockierung in sozialen Netzwerken von ihrer Dualseele aufgehoben! Oder auch, wie eine Schülerin in meiner und Shaleias Schule ihr Leben intensiv der *Spiegelübung*, unseren Lehren und der Unterstützung unserer Schule und der Facebook-Gruppe (Twin Flames Universe: Open Forum) widmete und tatsächlich in ihre dauerhafte Harmonische Dualseeleneinheit kam; und jetzt lehren sie und ihre Dualseele andere, wie man das tut, was wir ihnen beigebracht haben, und was du jetzt in diesem Buch lernst.

Die Sache mit der Heilung einer Blockade ist jedoch, dass du sie vielleicht geheilt hast, doch dann zeigt sich eine weitere Schicht dieser Blockade. Sei also nicht überrascht oder verärgert, wenn du geschworen hast, du hättest ein Ärgernis darüber geheilt, dass du beispielsweise verlassen wurdest, und dann später wieder ein Ärgernis mit dem Gefühl des Verlassenseins erlebst. Das ist ein tiefer traumatischer Schmerz mit vielen Schichten, aber während du weiter heilst, lösen sich die Schichten ab, bis sie vollständig aufgelöst sind und nur noch Liebe übrig bleibt, wo du dich einst verletzt und leer gefühlt hast. Du kannst deine Heilung nicht kontrollieren, du kannst dich nur hingeben und Erleichterung empfinden, wenn du sie Gott voll und ganz übergibst. Das Versprechen des Glaubens an Gott ist, dass du nicht verlassen wirst.

Es ist absolut notwendig, radikales Mitgefühl mit dir selbst, deiner Dualseele und anderen Menschen auf der Welt zu wählen, um dich auf die Schwingung des Harmonischen Einheitsbewusstseins zu begeben. Es ist niemals angemessen, dich selbst zu verurteilen, wenn ein Ärgernis an die Oberfläche kommt, besonders wenn es ein Ärgernis ist, von dem du glaubst, dass du es bereits dauerhaft geheilt hast. Die richtige Haltung ist Selbstliebe und Mitgefühl, und zur Anwendung der Spiegelübung zurück zu kehren und tiefer in deine Selbstliebe zu gehen. Diese Liebe, die du für dich selbst entwickelst, ist ein entscheidender Grundpfeiler für deine Harmonische Dualseeleneinheit, denn was du damit gezielt erreichst, ist Göttliche bedingungslose Liebe. Ohne dass du bedingungslose Liebe für dich selbst, deine Dualseele und andere wählst, wirst du nicht in der Lage sein, die Harmonische Einheit zu manifestieren, da **die Harmonische Einheit nur auf dem unberührten Boden der bedingungslosen Liebe wachsen und erblühen kann.**

Da du dir in hohem Maße bedingungslose Liebe und Akzeptanz von deiner geliebten Dualseele wünschst, wünscht sie sich das genauso sehr von dir, aber du musst es dir zuerst selbst geben und es ihr anbieten, wenn sie klar eine Bitte nach bedingungsloser Liebe und Akzeptanz äußert. Manchmal muss deine Dualseele eine Lektion erfahren, mit jemand anderem romantisch zusammen zu sein, während du die Spiegelübung und deine spirituelle Arbeit machst, um mit ihr zusammen zu kommen. Dies ist eine Erfahrung, von der sich viele herausgefordert fühlen. Unabhängig davon, was mit deiner Dualseele geschieht, wirst du deine Dualseele lieben und ihr vertrauen, ihre eigenen spirituellen Lektionen zu erfahren, während du sie gleichzeitig bedingungslos liebst und akzeptierst? Oder wirst du wütend, bestrafend, und versuchen, sie zu kontrollieren? Wie du deine Dualseele behandelst, steht in direktem Verhältnis dazu, wie du dich selbst behandelst. Wenn du dich dazu entscheidest, die Kontrolle über deine Dualseele und ihre spirituellen Lektionen loszulassen, genauso wie die Kontrolle darüber loszulassen, wie sie dich wahrnimmt (viele Menschen versuchen sich eine Fassade der „Perfektion" zuzulegen), wirst du erleben, dass du für deine Dualseele an Anziehungskraft und Ausstrahlung gewinnst, weil du ein strahlendes Licht von Authentizität, bedingungsloser Liebe und Akzeptanz darstellst. Wer findet das nicht anziehend? Deine Dualseele fühlt sich auf natürliche Weise zu deiner Authentizität hingezogen. Einfach nur du selbst sein und dich nicht zu „photoshoppen", oder dich selbst oder deine Lebenserfahrung zu kontrollieren. Die *Spiegelübung* wurde auch dazu entwickelt, damit du dich in dein wahres authentisches Selbst verliebst, das automatisch deine Dualseele magnetisch anzieht und deine Harmonische Einheit vertieft, sobald du sie erreicht hast.

Die Spiegelübung: Alles was du benötigst, um die Harmonische Dualseeleneinheit anzuziehen und zu erreichen

Wie genau funktioniert die Spiegelübung in Bezug auf dein Bewusstsein? Deine äußere Erfahrung wird in deinem inneren Bewusstsein erschaffen. Dein inneres Bewusstsein basiert auf deinen Entscheidungen, Gedanken und Gefühlen. Das kommt daher, dass deine Gedanken und Gefühle durch eine Kernentscheidung entstehen, dich gut oder schlecht zu fühlen, und nachfolgende Gedanken und Gefühle sind ein Ergebnis dieser Entscheidung. Dein Leben findet nicht außerhalb von dir statt, dein Leben geschieht in dir und bringt sich selbst im Außen zum Ausdruck, indem es schwingende Erfahrungen magnetisch zu dir zieht. Sogar jetzt, während du diese Worte liest, liest du sie in dir selbst mithilfe deiner Vorstellung, die in deinem Gehirn ausgewertet wird; und wie du in Bezug auf das, was du liest, denkst und fühlst, geschieht jetzt und im Laufe deiner Erfahrung mit dem Buch in dir. Also wenn dich deine Dualseele, Gott oder andere Beziehungen, die du hast, triggern (das ist es, was wir ein „Ärgernis" nennen), liegt es daran, dass sie einen deiner Gedanken oder Überzeugungen spiegeln, die nicht ausgerichtet sind auf den Göttlichen Geist, der das Bewusstsein des Himmels und den natürlichen Zustand deines Wohlbefindens darstellt. Diese Ärgernisse zeigen dir den Weg nach Hause, wenn du dich gezielt für deine Heilung und deine Harmonische Einheit mit dem Göttlichen und dir selbst entscheidest. Deshalb kannst du deine spirituelle Reise erheblich beschleunigen, indem du die heilige Spiegelübung anwendest. Ihr wesentlicher Inhalt wurde entwickelt, damit du nicht nur deine Harmonische Dual-

seeleneinheit, sondern auch einen klaren und direkten Weg zurück zu deinem perfekten inneren Zustand erhältst. Du kannst die Spiegelübung sogar verwenden, um körperliche Beschwerden und Krankheiten in dir und anderen zu heilen (und es ist mir gelungen), aber das ist ein Thema für ein weiteres Buch.
Ich werde dir in diesem Kapitel vier Beispiele geben, wie man die Spiegelübung anwendet. Du nutzt die Spiegelübung, wann immer du *verärgert* bist. Zwei der Beispiele werden verärgernde Interaktionen im Bereich Familie und Arbeit darstellen, während die anderen beiden Interaktionen die häufigsten Ärgernisse zeigen, die Menschen mit ihrer Dualseele erleben. Diese zwei häufigen Ärgernisse sind:

1. **Ich bin verärgert über meine Dualseele, weil sie nicht mit mir kommuniziert.**

2. **Ich bin verärgert über meine Dualseele, weil sie nicht mit mir zusammen sein will.**

Beginnen wir diese Übung mit einem einfachen Beispiel eines hypothetischen Ärgernisses, das du im Bereich Familie hast. Stell dir vor, deine Schwester schikaniert dich jedes Mal, wenn du mit ihr sprichst. Du rufst sie an, und sie schikaniert dich. Du kommst zu einem Familienessen, und sie schikaniert dich. Du isst ein leckeres Sandwich mit deiner guten Freundin auf dem Boulevard, und deine Schwester sieht dich und fängt an, dich zu schikanieren. Warum schikaniert sie dich? Es liegt daran, dass sie dich liebt! Ich sage nicht, dass sie dich schikaniert, weil sie dich liebt. Ich meine, dass ihr Göttliches Selbst dich so sehr liebt, dass sie bereit ist, in dir zu spiegeln, wo du in dir selbst nicht mit dir im Einklang bist. Genau genommen ist es einfach Gott, der dich durch sie liebt, damit dein Muster beseitigt wird. Wie spiegelt sie etwas für dich? Sie spiegelt dir wider, dass du dich in deinem Bewusstsein auf irgendeine Weise selbst schikanierst.

Während du den genannten Beispielen folgst, verwende deine eigene persönliche Story, um die Spiegelübung durchzuführen. Welches Ereignis solltest du verwenden? **Alles, was dich jetzt triggert** und vorzugsweise etwas, das dich am meisten triggert. Gewöhnlich erleben Shaleia und ich eine Handvoll emotionaler und spiritueller Ärgernisse in unserer Einheit, die mit einem oder mehreren Themen gleichzeitig an die Oberfläche kommen, um gelöst zu werden. Es ist wie eine Art spirituelle Zwiebel, die sich Schicht für Schicht ablöst, und wenn sie geheilt ist, in eine wunderschöne Lotusblume transformiert wird. Wir brauchen keine Kontrolle darüber zu haben, was zu einer bestimmten Zeit an die Oberfläche kommt, um geheilt zu werden, weil der Prozess sehr natürlich und organisch verläuft. Nichts geschieht, wie wir es erwarten, und das ist eine sehr, sehr gute Sache. Von diesem Ort der Geduld und Nicht-Anhaftung aus können wir uns leicht durch alles bewegen, was im Moment in uns auftaucht und darauf vertrauen, dass das, was freigesetzt wird, in unserem besten und höchsten Interesse ist und im höchsten Interesse unserer Harmonischen Dualseeleneinheit.

In deiner Harmonischen und Prä-Harmonischen Dualseeleneinheit werden viele falsch ausgerichtete Gedanken und Überzeugungen, die auf dem Trennungsbewusstsein basieren, zur Heilung an die Oberfläche deines Bewusstseins kommen. Du wirst einen speziellen, einfachen und bewussten Prozess benötigen, der dich durch deine Herausforderungen begleiten kann, oder du wirst herausfinden, dass du und deine Dualseele die gefürchtete „Dualseelenfluchtdynamik" entwickelt habt. Dies ist der Fall, wenn beide Partner auf einer bestimmten Ebene in die entgegengesetzte Richtung ihrer Einheit laufen. Ist dir aufgefallen, dass ich den „Verfolger"-Part ausgelassen habe, wovon die Menschen glauben, es sei die „Flüchtender/Verfolger-Dynamik" („Runner/Chaser dynamic")? Das liegt daran, dass deine Dualseele dir spiegelt, wie du dich selbst irgendwo innerhalb deines Bewusstseins wegstößt. Flüchten und Verfolgen können nämlich logischerweise nur in einer Nicht-Dualseeleneinheit auftreten. Aber wenn du entweder vor deiner Dualseele flüchtest oder sie verfolgst, liegt es daran, dass du irgendwo tief im Innern vor dir selbst flüchtest. Das Anwenden der Spiegelübung zu diesem Ärgernis wird tiefer gehen und dieses Thema vollständig lösen.

Wenn deine Dualseele dich triggert, liegt es daran, dass deine Dualseele etwas in dir widerspiegelt, das nicht im Einklang mit deinem Göttlichen Selbst ist. Dein Göttliches Selbst ist der Teil von dir, der immer als reine Liebe existiert und auch als dein Höheres Selbst bezeichnet wird. Also tust du dir in deinem Bewusstsein in Wirklichkeit selbst etwas an, das dich verärgert, und das ist eigentlich der Grund, warum du dich überhaupt über jemand anderen ärgerst. Die Spiegelübung ist ein wirksames Werkzeug, um diese Ärgernisse anzugehen und sie aus deiner Realität zu entfernen, damit du nicht nur mehr Frieden, Liebe und Freude erlebst, sondern auch die Kernblockaden heilst, die geradewegs deine Harmonischen Dualseeleneinheit verhindern.

Die Spiegelübung:
SCHRITT EINS

Schreibe in einem präzisen Satz auf, was dich genau verärgert. Versuche beim Aufschreiben zu verstehen, was genau dein zentrales Ärgernis ist, damit du klar und präzise bist.

„Meine Schwester verärgert mich, weil sie mich immer schikaniert, jedes Mal, wenn ich mit ihr rede!"

Es gibt dazu mehrere Teile:

Das *Wer* – meine Schwester.
Das *Was* – sie verärgert mich!
Das *Warum* – weil sie mich schikaniert.
Das *Wo/Wann* – jedes Mal, wenn ich mit ihr rede.

Jetzt hast du alle Teile zum Schritt Eins der Spiegelübung. Gute Arbeit! Falls du es noch nicht ganz für deine Story verstanden hast, können wir uns ein Ärgernis mit Riley vorstellen, deinem Arbeitskollegen, um dir zu deiner Klarheit zu verhelfen. Stell dir vor, dass während du seit ein paar Monaten mit Riley zusammenarbeitest, du anfängst zu erfahren, dass Riley nicht so viel in eurer Arbeitsbeziehung gibt. Riley erwartet von dir, dass du mehr zu deiner Arbeit beiträgst, als Riley es tut, also musst du im Wesentlichen den Arbeitsaufwand ausgleichen, und dein Arbeitgeber erwartet von dir, dass du weiterhin entweder dieselbe oder eine größere Menge an Energie gibst. In dieser Situation würdest du also auf ein Blatt Papier schreiben:

„Riley verärgert mich, weil er/sie von mir erwartet, mehr auf der Arbeit und in unserer Arbeitsbeziehung zu geben, als die Unterstützung, die ich von ihm/ihr zurückerhalte."

Was sind die Teile?

Das *Wer* – Riley.
Das *Was* – verärgert mich.
Das *Warum* – weil er/sie von mir erwartet, mehr zu geben, als das was ich von ihm/ihr bekomme.
Das *Wo/Wann* – in unserer Beziehung am Arbeitsplatz

Jetzt lasst uns Schritt Eins der Spiegelübung für die zwei häufigsten Ärgernisse, die Menschen mit ihrer Dualseele haben, durchführen. Es gibt viele verschiedene Varianten derselben Ärgernisse, die ich in diesen zwei Beispielen erwähne, also kannst du sogar exakt dieselben nachfolgenden Beispiele nutzen, wenn sie deine Kernärgernisse mit deiner Dualseele sind, und/oder du kannst sie abändern, um ein spezielles Ärgernis auszudrücken, das du hast, das entweder ähnlich oder anders als die unten angegebenen Beispiele ist.

„Ich bin über meine Dualseele verärgert, weil sie nicht mit mir über soziale Medien/E-mail/Telefon usw. kommuniziert."

Das *Wer* – meine Dualseele.
Das *Was* – verärgert mich.

Das *Warum* – weil sie nicht mit mir kommuniziert.
Das *Wo/Wann* – über soziale Medien/E-mail/Telefon usw.

„Ich bin über meine Dualseele verärgert, weil sie nicht mit mir zusammen sein will oder nichts mit meinem Leben zu tun haben will. Ich bin verärgert, weil ich mich von meiner Dualseele verlassen und betrogen fühle."

Das *Wer* – meine Dualseele.
Das *Was* – verärgert mich.
Das *Warum* – weil sie nicht mit mir zusammen sein will und ich mich deswegen verlassen und betrogen fühle.
Das *Wo/Wann* – in meinem/unserem Leben.

Zusammenfassend zu Schritt Eins: Schreibe in einem präzisen Satz das Ärgernis auf, das du erlebst. Tue dein Bestes, um die Wurzel deines Ärgernisses gegenüber der Person zu identifizieren. Dieser Teil ist wichtig, damit du dir über das tiefer liegende Ärgernis in dir klar wirst, das letztendlich eine Kernblockade und ein Kernärgernis zu deiner Harmonischen Dualseeleneinheit darstellt. Dieses Ärgernis zu heilen bedeutet, dass du deiner Einheit einen Schritt näher bist!

<u>Die Spiegelübung:</u>
<u>SCHRITT ZWEI</u>

Schreibe den Satz von Schritt Eins noch einmal auf, *tausche jedoch alle Nomen gegen Pronomen* aus und beziehe sie auf dich.

Wie zum Beispiel:

<u>Beispiel A:</u>

SCHRITT EINS: „Meine Schwester verärgert mich, weil sie mich immer schikaniert, jedes Mal, wenn ich mit ihr rede!"

<u>SCHRITT ZWEI</u>: „Ich verärgere mich selbst, weil ich mich immer schikaniere, jedes Mal, wenn ich mit mir rede!"

<u>Beispiel B:</u>

SCHRITT EINS: „Riley verärgert mich, weil er/sie von mir erwartet, mehr in unserer Arbeitsbeziehung zu geben, als das, was ich von ihm/ihr bekomme."

<u>SCHRITT ZWEI</u>: „Ich verärgere mich selbst, weil ich von mir selbst erwarte, mehr in meiner Arbeitsbeziehung zu geben, als das, was ich von mir selbst bekomme."

<u>Beispiel C:</u>

SCHRITT EINS: „Ich bin verärgert über meine Dualseele, weil sie nicht mit mir über soziale Medien/E-mail/Telefon usw. kommuniziert."

SCHRITT ZWEI: „Ich bin verärgert über mich selbst, weil ich nicht mit mir selbst kommuniziere."

Beispiel D:

SCHRITT EINS: „Ich bin verärgert über meine Dualseele, weil sie nicht mit mir zusammen sein will oder nichts mit meinem Leben zu tun haben will. Ich bin verärgert, weil ich mich von meiner Dualseele verlassen und betrogen fühle."

SCHRITT ZWEI: „Ich bin verärgert über mich selbst, weil ich nicht mit mir selbst zusammen sein will oder nichts mit mir selbst zu tun haben will. Ich bin verärgert, weil ich mich von mir selbst verlassen und betrogen fühle."

Die Spiegelübung funktioniert, weil dein äußeres Leben immer eine Spiegelung aller Ebenen deines Bewusstseins ist, das von den Kernentscheidungen in deinem Geist erschaffen wird. Was du innerhalb von dir selbst wählst, ist das, was außerhalb von dir selbst geschaffen wird. Das ist das Ergebnis und die Wahrheit des Gesetzes der Anziehung. Wie innen, so außen. Diese Verärgerungen oder Ärgernisse sind Verärgerungen und Ärgernisse *in dir*. Du erschaffst automatisch im Außen, was dir von deinem Innern zurückreflektiert wird.

Die schikanierende Schwester? Ja, in diesem Beispiel spiegelt sie dir wider, wie du dich selbst schikanierst. Jede Reflektion zwischen den gleichen Erlebnissen und Personen ist vollkommen persönlich und niemals universell. Nur du kannst die falsch ausgerichteten Gedanken, Gefühle und Überzeugungen erkennen, die du im Innern festhältst, und die deine Ärgernisse verursachen.

Das Thema der Arbeitskollegenbeziehung zu Riley? In diesem Beispiel spiegelt Riley dir wider, inwiefern du dir selbst nicht gibst, und dass du von dir selbst erwartest, mehr in Beziehungen zu geben, als du dir selbst gibst, daher hast du in der Tat deinen Beziehungen nichts zu geben, bis du dich entscheidest, damit anzufangen, dir selbst zu geben. Vielleicht würde in diesem Beispiel, dir selbst zu geben, eine liebevolle und entschiedene Grenze bedeuten, hinsichtlich dessen, was du tun und nicht tun wirst. Auf diese Weise beginnst du Selbstrespekt und Selbstvertrauen zu entwickeln und lehrst andere, wie man dich in jeder Situation angemessen behandelt.

Deine Dualseele, die nicht mit dir reden will? Sie spiegelt dir unmittelbar wider, dass du mit einem Teil von dir selbst nicht kommunizierst. Du denkst dir vielleicht: „Was bedeutet das? Inwiefern kommuniziere ich nicht mit mir selbst?" Nun, vielleicht ignorierst du deine Bedürfnisse, ignorierst deine Intuition, ignorierst es, dir und anderen eine gesunde Grenze zu setzen, ignorierst es, dir selbst zuzuhören, ignorierst deine Sexualität & sexuellen Bedürfnisse, deine Kreativität, deine Spiritualität, deine göttliche Führung & Zeichen, die durch dich, andere Menschen und Situationen kommen, deine Schönheit, Intelligenz und Stärke, dein inneres Kind, ignorierst, was deine Finanzen dir sagen wollen; *du ignorierst es, mit deinem Göttlichen Selbst zusammen zu sein und eine wahre, liebevolle Beziehung mit dir selbst zu pflegen.* Die Liste darüber, wie du dich selbst möglicherweise vermeidest und vernachlässigst, könnte weitergehen, doch du verstehst, was ich meine. Irgendwo in dir sprichst du nicht mit dir selbst: deinem Göttlichen Selbst. Aber das kannst du heilen, indem du dich dafür entscheidest, dein Göttliches Selbst nicht länger in irgendeiner Form zu ignorieren, sondern dich zu entscheiden, dir selbst zuzuhören und ein besseres Verhältnis zu dir selbst zu entwickeln, damit du nicht länger diese ständigen Ärgernisse erlebst, oder dass deine geliebte Dualseele nicht mit dir spricht.

Deine Dualseele will nicht mit dir zusammen sein? In diesem Beispiel spiegelt dir deine Dualseele, inwiefern du nicht mir dir selbst zusammen sein willst. Vielleicht versuchst du, etwas von jemandem außerhalb von dir selbst zu *bekommen*. Ja, dies schließt natürlich deine Dualseele mit ein, weil du keine Liebe von dir selbst oder von Gott in dir bekommen willst. Du versuchst, sie von deiner Dualseele zu bekommen und deshalb stößt sie dich weg. Du bist nur dann auf natürliche Weise magnetisch für deine Dualseele, wenn du vollständig in dir bist, anstatt aus einem bedürftigen Zustand zu kommen, was eine abstoßende Energie ist. Du bist nur von und durch Gottes Heilige Liebe erfüllt. Sobald du etwas „brauchst", um dich zu erfüllen, betreibst du co-abhängiges Verhalten und betrachtest deine Dualseele als Quelle, anstatt Gott als deine Quelle zu sehen. Deine Dualseele kann niemals Gottes Rolle und Gottes Liebe für dich ersetzen. Viele würden gerne ihre Dualseele so behandeln, aber es ist eine ungeeignete Rolle, in die sie gestellt wird, weil sie nicht dein Schöpfer ist. Sie kann dich niemals aus der Erfahrung oder Wahrheit heraus lieben, dich in perfekter Göttlichkeit und Liebe erschaffen zu haben.

Es gibt viele andere Beispiele dafür, wie du nicht mit dir selbst zusammen sein willst, weil es dir unangenehm ist, allein mit dir und deinem Göttlichen Selbst zu sein, aber das ist die sich bietende Gelegenheit, dein wahrer bester Freund zu werden, vor allen anderen, abgesehen von Gott. Deine Dualseele ist dein bester Freund, aber Gott ist zuerst dein bester Freund, dann du selbst, DANN deine Dualseele. Dies ist die *richtige Reihenfolge* von Beziehung. Du wirst jedoch feststellen, dass es praktisch dasselbe ist, dein eigener bester Freund zu sein, als wenn Gott dein bester Freund ist, und deine Dualseele ist und wird auf natürliche Weise dein bester Freund als Resultat deiner oben genannten Prioritäten.

Wenn du nicht mit dir selbst oder mit Gott zusammen sein willst, erlebst du Verlassenheit, die sich auch wie Betrug anfühlt, weil sie es tatsächlich ist. Gott könnte dich niemals verlassen. Wenn Gott Verlassenheit erschaffen hätte, dann wäre sie wahr, aber sie ist eine Illusion, weil Gott nur Perfektion erschafft, und wir Eins mit unserem geliebten Schöpfer sind. Wenn du nicht mit dir selbst zusammen sein willst, verlässt du dich selbst und dadurch öffnest du dich für die Erfahrung, von anderen verlassen zu sein (so funktioniert Spiegelung). Aber wenn du dich deiner Göttlichen Logik öffnest, wirst du wie ich erkennen, dass du nicht von jemandem verlassen werden kannst, der dich nie wirklich für sich eingefordert hat. Deshalb wurdest du nie verlassen, weil du überhaupt nie von ihm eingefordert wurdest, du erlebtest einfach die Illusion basierend auf der Überzeugung, dass du von ihm in Liebe eingefordert wurdest. Personen, die ihre Beziehungen verlassen, verlassen auch sich selbst, sonst wären sie zu dieser Handlung nicht fähig. Deshalb empfinde einfach Mitgefühl für sie und andere, wenn du es bemerkst. Wenn du dich dafür entscheidest, aufzuhören, dich selbst zu verlassen, und damit beginnst, dir selbst zuzuhören und dich dort zu lieben, wo du es nötig hast, gibst du Selbstverlassenheit auf und entwickelst Selbstvertrauen, Liebe und Zuversicht. Als Ergebnis wird deine Dualseele ihre Meinung darüber ändern, nicht mit dir zusammen sein zu wollen, denn indem du dich selbst einforderst, forderst du ALLES von dir ein, was natürlich deine Dualseele miteinschließt, weil sie auch du ist.

Hast du bemerkt, wie Beispiel C und D eng miteinander verbunden sind? Das liegt daran, dass die beiden Ärgernisse im Kern praktisch ein und dasselbe sind. Es gibt dort viele Hinweise, wie du dich möglicherweise selbst verlässt und wie du es heilen kannst.

Die Spiegelübung:
SCHRITT DREI

Nun frage dich selbst: „Ist an dieser Aussage IRGENDETWAS Wahres dran?" Die Antwort lautet immer „Ja", weil es in deiner Erfahrung ist. Gehe tiefer, wenn du möchtest, bis du die Wurzel des Themas findest. Doch wie der berühmte Buddha einst sagte: „Ziehe einfach den Dorn heraus und gehe weiter. Wirf keinen Blick darauf." Denn wenn wir jedes Detail, woher ein Ärgernis stammt, psychoanalysieren, verlieren wir den Fokus darauf, einfach hineinzugehen und diesen Anteil von uns, der nach Liebe verlangt, zu lieben, und ein Ärgernis überanalysieren ist eine Form der Kontrolle und Vermeidung, Schritt Vier durchzuführen. Liebe dich einfach selbst, indem du Schritt

Vier durchführst und kümmere dich dann um das nächste Ärgernis, das sich zeigt.

Wenden wir dies auf das Ärgernis von Beispiel A an:

> *„Ich verärgere mich selbst, weil ich mich immer schikaniere, jedes Mal, wenn ich mit mir rede!"*

Und jetzt frage dich selbst aufrichtig, ob an dieser Aussage IRGENDETWAS Wahres dran ist. Nimm dir ruhig Zeit und denke darüber nach, wie es in deinem Bewusstsein wahr sein könnte. Könnte ich mich selbst schikanieren? Unter welchen Umständen schikaniere ich mich selbst? Deine Antwort sieht vielleicht etwa so aus:

„Ja, ich schikaniere mich selbst. Ich bemerke, dass wann immer ich in meinem Kopf mit mir selbst rede, ich negative Dinge zu mir sage und glaube, nicht perfekt in manchen oder allen Dingen zu sein. Ich glaube, wenn jemand anderes diese Dinge zu mir gesagt hätte, würde ich mich von ihm schikaniert fühlen. Ich bin ebenfalls sicher, dass wenn ich diese Dinge jemals zu jemand anderem gesagt hätte, derjenige sich von mir schikaniert und bedrängt fühlen würde. Also ja, diese Aussage ist sehr wahr für mich." (Hinweis: wie bereits erwähnt ist die Antwort immer „Ja").

Machen wir weiter mit Beispiel B:

> *„Ich verärgere mich selbst, weil ich von mir selbst erwarte, mehr in meiner Beziehung zu geben, als das, was ich von mir selbst bekomme."*

Die Spiegelübung: Das einzige Werkzeug, das du brauchst

Ist an dieser Aussage irgendetwas Wahres dran?

„Ja. Ich gebe mir selbst nicht, was ich brauche, und ich erwarte von mir selbst, mehr in meinen Beziehungen zu geben, als ich in der Lage bin. Ich tue dies, weil ich hoffe, dass ich von meinen Beziehungen das bekommen kann, wofür ich mich entscheide, es mir selbst nicht zu geben. Ich weiß, dass ich meinen Kreislauf aus co-abhängigem Verhalten heilen kann, weil ich weiß, dass Gott meine Quelle der Heilung und des Glücklichseins ist, nicht andere Menschen."

Das ist der Grund, warum Rileys Verhalten dich so sehr verärgert. Riley spiegelt dir den falsch ausgerichteten Teil in dir wider, der dir selbst nicht gibt, was du brauchst! Dein Ärgernis hat überhaupt nichts mit Riley zu tun, du bist nur darüber verärgert, was du dir in deinem eigenen Bewusstsein antust!

Dein Ärgernis mit dir selbst ist der Grund, warum du Riley genau jetzt als deinen Arbeitskollegen erfährst und er hilft dir, eine Kernblockade zu deiner Dualseeleneinheit zu heilen! Arbeite durch diese Themen in dir selbst, wenn Riley sie dir als eine Reflektion deines Innern präsentiert, und Riley wird auf natürliche Weise wegfallen (oder sich an deine neue Schwingung anpassen); wodurch sich der nächste Schritt zu deiner Dualseele und deiner Harmonischen Einheit enthüllt. Es müssen nicht Riley, deine Dualseele oder deine Geschwister sein, die dir Themen und Herausforderungen präsentieren. Die Menschen um dich herum, sogar jemand im Vorbeigehen kann bewirken, dass du dich verärgert fühlst. Es ist deine Aufgabe, während du dich auf deinen Ultimativen Geliebten zubewegst, diese Muster zu beseitigen, damit du den Weg zu deiner Harmonischen Dualseeleneinheit frei machen und deine Harmonische Einheit dauerhaft aufrechterhalten kannst. Die Spiegelübung durchzuführen ist eine Tätigkeit, die nicht aufhört, bis du die Perfekte Einheit erreichst (ich werde in einem späteren Kapitel detaillierter über die Perfekte Einheit sprechen).

Kommen wir zum Beispiel C:

„Ich bin verärgert über mich selbst, weil ich nicht mit mir selbst rede."

Ist an dieser Aussage irgendetwas Wahres dran?

„Ja. Ich rede nicht mit meinem Authentischen Selbst. Ich glaube, dass wenn ich zum Ausdruck bringe, wer ich wirklich im Innern bin, ich von meiner Dualseele abgelehnt werde. Ich weiß, dass wenn ich mein Authentisches Selbst ablehne, ich denjenigen verlasse, der ich im Innern bin, aber ich weiß nicht genau, wie ich mich dabei sicher fühlen kann, ich selbst zu sein, unter Leuten und besonders bei meiner Dualseele."

Noch einmal, du siehst, dass dein Ärgernis tatsächlich nichts persönlich mit deiner Dualseele, sondern alles mit dir zu tun hat. Du kannst nicht kontrollieren, wie andere dich wahrnehmen, erleben und auf dich reagieren. Es ist nicht einmal deine Aufgabe, dich darum zu kümmern. Deine Aufgabe ist es, nur die authentische Liebe und den kreativen Ausdruck zu äußern, der du bist. Deine Dualseele, die dich wegstößt, ist nur eine Gelegenheit für dich, tiefer zu lieben, wer du in deinem Kern bist, und nicht zu kontrollieren, wie du auf deine Dualseele wirkst oder zu ihr bist. Zu kontrollieren, wie du wirkst oder bist, erschafft Blockaden zur Vertrautheit mit deiner Dualseele, weil du es blockierst, vertraut mit dir selbst zu sein.

Abschließend schauen wir uns Beispiel D an:

„Ich bin verärgert über mich selbst, weil ich nicht mit mir zusammen sein will oder nichts mit meinem Leben zu tun haben will. Ich bin verärgert über mich selbst, weil ich mich von mir selbst verlassen und betrogen fühle."

„Ja, das ist wahr. Ich tue mich schwer damit, lange in meiner Gesellschaft mit Gott und meinem Göttlichen Selbst sein zu können, wenn überhaupt. Ich bin nicht 100 Prozent glücklich mit meinem Leben, deshalb betäube ich mich und erschaffe Wege, um dem zu entfliehen, was ich nicht an mir und meinem Leben mag. Ich stelle fest, dass ich mich selbst verlasse und betrüge, weil ich nicht auf mich selbst höre, sondern ich auf das höre, was andere von mir wollen und ich auf Basis von ihnen, ihren Wünschen und Bedürfnissen, die sie mir und meinem Leben gegenüber haben, agiere."

Wie du siehst, liebt dich deine Dualseele vollkommen, indem sie dir deine falsch ausgerichteten Kerngedanken und -handlungen zeigt, die nicht im Einklang mit deiner Harmonischen Dualseeleneinheit sind. Wenn du nicht in deiner eigenen Gesellschaft sein kannst, der Gesellschaft deines Göttlichen Selbst, und dem Göttlichen Selbst zuhörst und dementsprechend handelst, kannst du nicht lange in der Gegenwart deiner Dualseele sein, falls überhaupt, weil wie gesagt, sie ist Eins mit dir. Wie kannst du lange in der Gegenwart deiner Dualseele sein, wenn du es kaum in der Gegenwart deines Authentischen und Göttlichen Selbst aushalten kannst? Es funktioniert nicht, und deine Dualseele spiegelt das für dich. Die Harmonische Dualseeleneinheit ist eine Göttliche Liebe und aus diesem Grund lehren wir dich, wie du dich damit in Einklang bringst, um dauerhaft deine Harmonische Einheit zu haben. Noch einmal, es geht nicht darum, dass du "perfekt sein" musst. Du bist schon Perfektion. Es geht darum, lediglich die Kernblockaden der Liebe zu deiner Harmonischen Dualseeleneinheit zu beseitigen, und wenn du diese Übung und unsere Lehren in diesem Buch anwendest und die anschließenden, positiven Ergebnisse davon erlebst, wirst du dich ermutigt fühlen, weiter zu machen. Um deine Harmonische Dualseeleneinheit zu bekommen, musst du dich der spirituellen Arbeit und dem Prozess verpflichten, den wir mit dir teilen, und aufs Ganze gehen. Nur zur Hälfte in diese Arbeit zu investieren, wird dir nur halbe Ergebnisse bringen. Aufs Ganze zu gehen, wird dir ganzheitliche Ergebnisse liefern. Du hast nichts zu verlieren und lediglich alles Göttliche zu gewinnen.

Wenn du schließlich deiner Dualseele begegnest, wirst du so vielen kleinen Themen beggnen, wie die Beispiel-Ärgernisse, die wir zeigen, die das Potenzial haben, dich und deine Dualseele in entgegengesetzte Richtungen zu schleudern. Das ist es aber nicht wert. Es ist es nicht wert, deine Dualseele wegen dieser kleinen Ärgernisse zu verlieren. Führe einfach die Übung durch und die Ärgernisse werden einfach zu lösen sein. Wenn du dich dazu entscheidest, die Spiegelübung nicht auszuführen, dann können diese kleinen Ärgernisse deine Chancen zur Harmonischen Einheit mit deinem Perfektesten Geliebten zunichtemachen. Lass dir dies nicht entgehen. Du kannst es dir nicht leisten! Überspringe jeden Teil des Buches, außer den der Spiegelübung. Überspringe nicht diese eine Sache. Du schuldest es dir selbst und deiner Dualseele, dieses Material zu lernen und es zu nutzen. Du kannst deine Harmonische Dualseeleneinheit nicht ohne die Spiegelübung erreichen. Vertraue mir, weil dies der Prozess ist, der meinen Erfolg erzielte und den Erfolg aller anderen Paare in meiner Twin Flame Ascension School, die schließlich die Harmonische Einheit mit ihrer Dualseele erreichten.

Wenn du dich dazu entscheidest, diese Arbeit zu tun, gehörst du zu den wenigen, die ihre Harmonische Dualseeleneinheit für das ewige Leben anziehen und BEHALTEN werden. Die Spiegelübung haut mich noch jedes Mal um, wenn ich sie durchführe. Aber ich mache sie, und es funktioniert jedes Mal, meine Kernblockaden zu meiner Geliebten zu heilen, selbst wenn es mir schwerfällt, es anzuschauen. Wenn es funktioniert, ist es wahr, und wenn es wahr ist, funktioniert es. Du brauchst nicht einmal zu verstehen, wie oder warum es funktioniert, um den Prozess vollständig abzuschließen. Ich lade dich dazu ein, den Prozess abzuschließen und du wirst die Belohnungen und Vorteile entlang des ganzen Weges ernten. Ein großer Gewinn der Belohnung ist wahrer innerer Frieden, Glücklichsein und tiefere Ebenen der Liebe mit deiner Dualseele, egal ob du ihr schon begegnet bist oder nicht.

Lass uns durch die Schritte gehen, die wir soweit behandelt haben:

SCHRITT EINS: Schreibe in einem präzisen Satz das Ärgernis auf, das du erlebst.

SCHRITT ZWEI: Schreibe den Satz noch einmal auf, aber tausche alle Nomen gegen Pronomen, so dass sie sich auf dich beziehen.

SCHRITT DREI: Frage dich selbst: „Ist an dieser Aussage IRGENDETWAS Wahres dran?" und gehe tiefer, bis du die Wurzel des Themas findest, aber du bist intelligent und ein spirituelles Genie, also weißt du schon, dass die Antwort „Ja" ist, weil es genau das ist, was du als ein Ergebnis deiner Erfahrung und deines Bewusstseins erlebst.

Es ist erforderlich, dass du diese Übung aufschreibst, wenn du sie durchführst. Meine spirituelle Lehrerin betonte dies so viele Male, und sie hatte recht. Es war jedes Mal magisch, wenn ich es in Schritt Eins aufschrieb, es dann wieder in Schritt Zwei aufschrieb, sobald ich die Worte umdrehte, um sie auf mich zu beziehen. Dies ist der beste Weg, es zu lernen und dich dem als deine neue spirituelle Praktik zu verschreiben, um dir deine dauerhafte Harmonische Dualseeleneinheit zu bringen. Schließlich wirst du es soweit gemeistert haben, es in deinem Kopf durchzuführen, überall wo du hingehst, aber du kannst dort nicht hingelangen, bis du mit dem Prozess vertraut wirst, indem du es zunächst auf einen Notizblock oder in ein spezielles Tagebuch schreibst.

Die Spiegelübung:
SCHRITT VIER

Sprich mit dem inneren Teil von dir, der das Problem verursacht, und liebe dich selbst.

Dies ist der Ort, wo die Heilung stattfindet und wo deine schikanierende Schwester oder deine Dualseele, die schlagartig den Kontakt abbrach, dich nicht länger stören. Wenn du das Ärgernis nicht länger in deiner Realität erlebst und du Erleichterung in deiner Schwingung wahrnimmst, ist es klar, dass du es wirklich geheilt hast. Wenn es weiterhin wieder und wieder und wieder auftaucht, führe die Spiegelübung weiter durch, bis du tatsächlich die Wurzel des Themas findest und es heilst. Manchmal erfolgt die Heilung in Schichten. Wenn du es letztlich geheilt hast, wird es nicht nochmal in deiner Erfahrung auftauchen. **Wenn das Schikanieren deiner Schwester tatsächlich aufhört, dich zu ärgern, oder es gänzlich aufhört, hast du diesen Anteil von dir vollständig geheilt.** Es ist unheimlich, wie es funktioniert, und die Ergebnisse sind erstaunlich, die du vom Ausführen deiner inneren Arbeit ernten kannst. Also lass uns nochmal den Satz von Schritt Zwei anschauen:

„Ich verärgere mich selbst, weil ich mich immer selbst schikaniere, jedes Mal, wenn ich mit mir rede!"

Wir werden hingehen und mit dem Teil von uns selbst sprechen, der in diesem Beispiel den Rest von uns schikaniert. Lass uns ein imaginäres Gespräch führen. Um dies zu tun, müssen wir in der

Lage sein, uns dem Anteil von uns zu stellen und ihm zuzuhören, der das Problem verursacht. Also zentrieren wir uns in uns selbst und sprechen zu der Energie in uns, die das Ärgernis fühlt.

„Hallo, warum schikanierst du mich?" Die Antwort ist: „Nun ja, weil du nicht schön, perfekt und gut bist."

Du antwortest instinktiv, während du die Wahrheit kennst: „Ich weiß, dass ich schön, perfekt und gut in Gottes Augen bin."

Du hast jetzt bereits begonnen, dir selbst dort Liebe zu geben, wo ein Mangel an Liebe war. Warte danach ab und schaue, ob du eine Antwort bekommst. Manchmal kann die Sache damit erledigt sein. Du hast dem Teil, der bislang etwas anderes glaubte, klar gemacht, dass du schön, perfekt und gut bist, womöglich war das alles, was du tun musstest. Das Problem ist dann allein durch deine Selbstliebe gelöst. Aber vielleicht hörst du erneut etwas wie: „Nein, du bist nicht perfekt. Als du fünf warst, sagte deine Mutter zu dir, dass du deine Haare bürsten sollst, damit du gut aussehen würdest, aber du gingst an diesem Tag zur Geburtstagsparty, ohne deine Haare zu bürsten. Du bist nicht perfekt, deshalb kannst du nicht liebenswert sein."

In diesem Fall kannst du mit dem verletzten Kind in dir sprechen und sie oder ihn daran erinnern, dass sie oder er sehr liebenswert und vollkommen schön, göttlich perfekt und gut ist. Du kannst das Kind umarmen und ihm Liebe senden, indem du es in das tiefste Zentrum deines Herzens bringst.

Du musst nur die Quelle des Ortes in dir finden, die nicht liebevoll ist, und ihr die Liebe geben, die sie braucht.

Danach wird die Person in dir, die sagt, dass du nicht schön, Göttlich perfekt oder gut bist, in dein ganzes Selbst integriert und die Erfahrung, verärgert zu sein, wenn deine Schwester versucht, dich zu schikanieren, wird nicht länger vorkommen, weil du die Wahrheit über dich weißt. Sie kann sogar ganz aufhören, dich zu schikanieren, weil es keinen verletzten Anteil mehr gibt, der getriggert werden kann. Diese Übung funktioniert wie Magie. Du wirst lernen wollen, damit umzugehen, bevor du deiner Dualseele begegnest, weil Ärgernisse schnell und kraftvoll auftreten werden, wenn du mit deiner Dualseele zusammen bist. Der Grund, warum Dualseelenenergie kraftvoller ist, liegt darin, dass Dualseelenenergie im Vergleich zu der Energie zwischen Seelenverwandten oder romantischen Beziehungen extrem verstärkt ist; das kommt daher, dass deine Dualseele dein perfektester und klarster Spiegel deiner Gedanken, Gefühle und Entscheidungen ist.

Lass uns das Beispiel mit Riley ebenfalls ausführen, um mehr Klarheit in diese Übung zu bringen:

SCHRITT EINS: Schreibe in einem präzisen Satz das Ärgernis auf, das du erlebst:

> **„Riley verärgert mich, weil er/sie von mir erwartet, mehr in unserer Arbeitsbeziehung zu geben, als das, was ich von ihm/ihr bekomme."**

SCHRITT ZWEI: Schreibe den Satz noch einmal auf, aber tausche alle Nomen gegen Pronomen und richte sie auf dich:

„Ich verärgere mich selbst, weil ich von mir selbst erwarte, mehr in meiner Beziehung zu geben, als das, was ich von mir selbst bekomme."

SCHRITT DREI: Frage dich selbst: „Ist an dieser Aussage IRGENDETWAS Wahres dran?" und gehe falls nötig tiefer, bis du die Wurzel des Themas findest:

„Ja, das ist wahr, weil ich mir selbst nicht gebe, was ich brauche, und ich erwarte von mir selbst, mehr in meinen Beziehungen zu geben, als ich kann. Ich tue dies, weil ich hoffe, dass ich von meinen Beziehungen das bekommen kann, was ich mir selbst noch nicht gebe."

SCHRITT VIER: Sprich mit dem Teil von dir, der das Problem verursacht, und liebe dich selbst:

Schließe deine Augen und stelle dir vor, dass der falsch ausgerichtete Anteil von dir in deiner Nähe steht. „Warum hoffst du, dass du mehr von deinen Beziehungen bekommen kannst, als das, was du dir selbst noch nicht gibst?" könntest du zu ihm sagen.

„Weil ich nicht geliebt werden will. Ich will es vermeiden, geliebt zu werden, weil ich Liebe nicht verdiene", würde er vielleicht antworten.

„Oh, aber du verdienst Liebe!" könntest du sagen und innehalten, um auf weitere Antworten zu achten. Wenn kein tieferes Thema auftritt, dann kannst du diesen Teil von dir fragen, was er braucht, um zu fühlen, dass er Liebe verdient.

„Ich brauche es, gehalten zu werden und gesagt zu bekommen, dass ich Liebe verdiene", könnte er sagen.

Er wird dir immer sagen, was er braucht, um sich geliebt zu fühlen. Alles, was du jetzt tun musst, ist diesem Teil von dir genau das zu geben, was er dir gesagt hat, das er braucht, um sich der Liebe würdig zu fühlen. Tue es einfach in deiner Vorstellung. Halte diesen Anteil von dir in deiner Vorstellung und sage ihm, dass er Liebe verdient. Sobald du fühlst, dass dieser Teil von dir vollständig geliebt wurde, bist du fertig mit der Spiegelübung. Einer der psychologischen und physiologischen Vorteile des Visualisierungsschrittes der Spiegelübung ist, dass *es wissenschaftlich bewiesen ist, dass das Gehirn nicht den Unterschied kennt, zwischen dem, was du in der physischen Welt siehst und erlebst und dem, was du siehst und erlebst, wenn du deine Visualisierungs- und deine Vorstellungsfähigkeiten benutzt.*

Die tiefe Wahrheit dieser Wissenschaft hat tatsächlich einen großen Einfluss auf deine Gesundheit und deine Heilung, weil du im wahrsten Sinne des Wortes „in der Zeit zurückkreisen" und deine Kindheit heilen kannst, indem du dir selbst gibst, was du damals nicht hattest. Dein Gehirn und dein Bewusstsein werden so reagieren, als ob deine perfekte Kindheit stattgefunden hat (weil du dir selbst deine perfekte Kindheit schenkst), und Heilung wird geschehen, weil die synaptischen Bahnen in deinem Gehirn damit beginnen werden, sich neu zu vernetzen in Richtung positive Einstellung, Glücklichsein und Wohlbefinden, anstatt Depression, Angst und andere mentale und seelische Dysbalancen. Shaleia konzentrierte sich gezielt auf die Heilung ihrer Kindheit, als sie in ihrem Geist "in der Zeit" zurückreiste und heilte, dass sie als Baby und Kleinkind von ihrer Mutter nicht gestillt oder genug gehalten wurde. Sie stellte sich vor und erlebte es daraufhin, ein Baby zu sein, dessen Bedürfnisse perfekt erfüllt wurden; sie visualisierte, von der Göttlichen Mutter perfekt geliebt, gehalten und gestillt zu werden. Shaleia erkannte, dass das Fehlen dieser grundlegenden Bindungserfahrungen mit ihren Eltern sie ihr ganzes Leben lang und bis ins Erwachsenenalter beeinflusst hat. Dank dem kraftvollen Visualisierungsschritt der Spiegelübung erlebt sie nicht länger diese negativen Auswirkungen. In Shaleias Geist hatte sie eine wunderbare Kindheit und erlebt keine Ärgernisse mehr infolgedessen, dass ihre Bedürfnisse von ihren biologischen Eltern nicht erfüllt wurden, als sie noch ein Baby und Kind war. Wenn deine Kindheit vollständig geheilt ist, dann bist du in der Lage, dein wahres Erwachsensein anzutreten, es zu erkunden und zu erleben.

Um auf das zurück zu kommen, was ich bereits erwähnte, kannst du dir sicher sein, dass du deine Heilung abgeschlossen hast, wenn du nicht länger erfährst, dass Rileys miese Arbeitserwartungen dich verärgern. Wenn du immer noch Schwierigkeiten damit hast, Schritt Vier durchzuführen oder einen kleinen Schub benötigst, um dich zu lieben, dann versuche die folgende Visualisierungsübung hinzuzufügen, um diesen Schritt zu vollenden.

Visualisierungsübung für die Spiegelübung: Schritt Vier Punkt Eins

Schließe deine Augen und stell dir vor, dem Anteil von dir zu begegnen, der sich nicht geliebt fühlt, von dem du erkannt hast, dass er das aufgetretene Thema kreiert hat. Lade ihn dazu ein, ein Stück näher zu kommen und dann lade ihn zu einer Umarmung ein. Umarme diesen Anteil von dir mit einem offenen Herzen und bringe diesen Anteil in eine innige, liebevolle Umarmung hinein. Sage diesem Anteil von dir, wie sehr du ihn liebst und ziehe ihn noch näher in dich hinein. Wenn er nicht vollständig mit dir verschmolzen und ein Teil von dir geworden ist, gib ihm mehr Liebe. Entscheide dich dafür, den Anteil von dir, der nach Liebe verlangt, vollständig zu lieben.

Das Rezept ist immer mehr Liebe. Liebe den Anteil von dir zehn Mal mehr, einhundert Mal mehr, eine Billion Mal mehr. Du kannst dir sogar ein weißes oder farbiges Licht vorstellen, das aus deinem Herzzentrum strahlt und ihn mit deinem perfekten, liebenden Licht umhüllt. Dein Unterbewusstsein wird die ganze Arbeit für dich erledigen, wenn du dich dazu entscheidest, dir diesen Teil von dir, der nicht im Einklang mit Liebe ist, vorzustellen und ihn zu lieben. Sobald du spürst, dass dieser Teil von dir geliebt, integriert und entspannt im Frieden ist, bist du fertig.

<u>Die Schritte der Spiegelübung</u>

<u>SCHRITT EINS</u>: Schreibe in einem präzisen Satz das Ärgernis auf, das du erlebst.

SCHRITT ZWEI: Schreibe den Satz noch einmal auf, aber tausche alle Nomen gegen Pronomen, so dass sie sich auf dich beziehen.

SCHRITT DREI: Frage dich selbst: „Ist an dieser Aussage IRGENDETWAS Wahres dran?" Die Antwort ist immer „Ja".

SCHRITT VIER: Sprich mit dem Anteil von dir, der das Ärgernis verursacht und liebe dich selbst, bis du Frieden, Erleichterung und Erfüllung im Innern verspürst. Führe bei Bedarf die Visualisierungsübung durch, um diese Heilung zu fördern.

Die Spiegelübung: Abschließende Gedanken

Die Spiegelübung ist ein mächtiges Werkzeug, um deine Dualseele anzuziehen und die dauerhafte Harmonische Dualseeleneinheit zu erreichen. Sie ist mächtig, weil sie eine neue Vollendung einer Lektion oder einer Herausforderung bewirkt, was einen Schritt näher zu deiner Dualseele und deiner Harmonischen Einheit führt. Das liegt daran, dass sie die Blockaden beseitigt, die es dir nicht ermöglichen, deine Schwingung zu erhöhen, um dich der Energie der Harmonischen Dualseeleneinheit anzugleichen und tiefere Ebenen der Liebe zu erleben. Wenn du dich für deine Dualseele entscheidest (wie du es in der *Meditationsübung, um deine Dualseele anzuziehen* getan hast), beginnst du deine Dualseelenreise zur dauerhaften Harmonischen Dualseeleneinheit.

Wenn du eine Entscheidung triffst, beginnt dir die Kraft deiner Entscheidung sofort genau das zu bringen, wonach du gefragt hast. Du kannst die Kraft deiner Entscheidung nutzen, um alles anzuziehen. In diesem Fall gehen wir Schritt für Schritt auf deine Dualseele in Harmonischer Einheit zu. Sobald du dich dafür entscheidest, mit deiner Dualseele zusammen zu sein, wird alles was du brauchst, um deine Dualseele anzuziehen, in der perfekten Geschwindigkeit für dich zu dir kommen, und die Mittel werden dir zur Verfügung stehen, sobald du deine Unterstützung für die Harmonische Einheit einforderst. Manchmal wirst du Herausforderungen erleben, die bewirken, dass du dich verärgert fühlst. Wenn du dich irgendwie verärgert fühlst, führe die *Spiegelübung* durch, um das Ärgernis zu beseitigen. Wenn du auch nur annähernd so bist wie ich, wirst du wahrscheinlich glauben, dass es bei dem Ärgernis nur um jemand anderen geht. Aber wenn du bereit bist, deine logische Beurteilung auszusetzen und tiefer zu gehen, führe einfach die Spiegelübung durch, während du verärgert bist, und du wirst feststellen, dass es wirksam ist, dein Ärgernis auf einer tiefen inneren Ebene und üblicherweise an der Ursache zu heilen. Mache es dir in deiner Beziehung, deiner Einheit oder in deinem Leben zur Gewohnheit, jedes Mal wenn du bemerkst, dass du verärgert wirst, für ein paar Minuten hinauszutreten. Shaleia und ich nehmen uns regelmäßig Auszeiten von Auseinandersetzungen, um wegzugehen und die Spiegelübung zu machen. Wenn wir zueinander zurückkehren, gibt es oftmals nichts mehr, worüber wir streiten, und wir erleben bessere Kommunikation, besseres Zusammensein und tiefere authentische Nähe. Falls nicht, führen wir die Spiegelübung durch, bis wir es tun.

Wenn du etwas erlebst, von dem du weißt, dass es nicht im Einklang mit deinem Göttlichen Selbst ist, aber du nicht glaubst, ein

Ärgernis zu fühlen, dann ist es sehr wahrscheinlich, dass du dafür betäubt bist. Neulich kam eine Frau zu mir, die sagte, dass ihr Partner sie misshandelt hat, aber sie fühlte kein Ärgernis deswegen, diese Wahrnehmung gestattete es mir, sie erkennen zu lassen, wie betäubt sie war, wenn es darum ging, Misshandlung zu erfahren. Ich erklärte ihr, dass es sicher sei, ihre Gefühle zu fühlen und ihr Ärgernis, misshandelt worden zu sein, zu erkennen. Ich half ihr anschließend ihr Kernärgernis zu identifizieren, nämlich verärgert über sich selbst zu sein, weil sie sich selbst misshandelte. Sie war danach in der Lage, die letzten zwei Schritte der Spiegelübung durchzuführen, und sie bedankte sich herzlich bei mir dafür, dass ich ihr half, ihre langdauernde Geschichte von Misshandlung in Beziehungen zu heilen.

Mit jeder Vollendung der Spiegelübung und mit jedem geheilten Ärgernis bringst du dich selbst deiner Dualseele und deiner Harmonischen Einheit einen Schritt näher. Keine Sorge, wenn du während der ersten paar Male nicht verstehst, wie es geht. Wiederhole einfach die Übung, bis du verstehst, wie man sie macht und in den Flow kommst. Dies ist absolut und zweifelsfrei notwendig, wenn du ernsthaft deine ewige Dualseeleneinheit in perfekter Harmonie aufrechterhalten möchtest. Du wirst schnell erkennen, warum es wichtig ist, die Spiegelübung in deiner Einheit zu praktizieren, wenn du sie aufrechterhalten willst, während du sie eingehst und deiner Dualseele näherkommst. In der Tat wirst du erkennen und zu schätzen wissen, wie wundervoll dieses Werkzeug während deiner Reise ist, in der Harmonischen Einheit, und bis in die Perfekte Einheit zugleich. Letztendlich wird die Entscheidung, die Spiegelübung zu meistern, die Art und Weise verändern, wie du deine Realität erlebst, und sie wird dich dazu befähigen, dass du es meisterst, jeden Bereich deines Lebens bewusst zu kreieren, der dich und deine Dualseele in Dauerhafter Harmonischer Einheit miteinschließt.

Letzten Endes wirst du mit dem Ausführen der Spiegelübung beginnen, indem du sie unzählige Male aufschreibst, und ich empfehle dies für einige Zeit zu tun, bis du die Meisterschaft fühlst, dies im Innern zu verstehen und durchzuführen, und bis du merkst, dass sie aufzuschreiben, deinem Prozess nicht mehr dient. Du wirst dich schließlich bis dahin steigern, dass du den Prozess in deinem Kopf durchführen kannst, die Nomen umkehrst, und anschließend dich selbst liebst. Wenn du die *Spiegelübung* vollständig gemeistert hast, brauchst du nicht mehr die Schritte durchzugehen; du wirst feststellen, dass du ein Ärgernis in deiner Realität erkennst, dich da sofort hinein**fühlst**, innerhalb deines eigenen Bewusstseins, und dir anschließend **automatisch selbst die Liebe gibst, die du brauchst**. Die Spiegelübung wird zu einer Meditation, etwas, das du natürlich und fließend in deinem täglichen Leben tun kannst, was jedoch immer deine bewusste Aufmerksamkeit und spezielle Konzentration erfordert.

Lass dich nicht täuschen oder sei nicht übermäßig ehrgeizig zu glauben, dass du sofort geradewegs zur Meisterschaft springen kannst, denn du musst Geduld haben und daran arbeiten, zuerst den grundlegenden Prozess zu meistern. Den Prozess zu meistern bedeutet, dass du die richtige innere Grundlage hast, auf der du stehst, und dich richtig auf dein Ziel zubewegst. Du kannst deine Dauerhafte Harmonische Dualseeleneinheit nur erreichen, wenn du eine **große Bereitschaft zum Lernen und eine große Bereitschaft zur Veränderung** hast. Dies ist die richtige Einstellung und sind die richtigen Qualitäten, die jeder wahre und engagierte spirituelle Schüler hat, und dies ist eine Lektion, die jeder lernen muss. Du musst die Schritte erlernen, indem du sie aufschreibst. Du musst den Prozess des Fühlens erlernen. Du musst lernen, wie du Ärgernisse innerhalb deines eigenen Bewusstseins identifizierst. Du musst die absolute Präzision erlernen, die Schritte der Spiegelübung *aufzuschreiben*, die sie dir vorgibt und von dir benötigt. Und wenn du das tust, wisse, dass du schließlich in der Lage sein wirst, es überall in deinem täglichen Leben, mit maximaler Leichtigkeit und Wirksamkeit zu tun, weil du hier Meisterschaft erlangt hast.

Kapitel 6

Harmonische Dualseeleneinheit:
Deine Dualseele ein Leben lang behalten

Wie viele Disney Filme handeln davon, die Wahre Liebe zu finden? Walt Disney wusste etwas Echtes, als er all diese Filme produzierte, die weiterhin so viele Menschen mit der Hoffnung auf ihre eigene Einzig Wahre Liebe inspirieren. Er wusste, dass Wahre Liebe echt war. Die Filme zeigten dir nicht, wie man Wahre Liebe bekommt, nur dass sie existiert. In diesem Buch wird dir gezeigt, wie es geht. Deine Wahre Liebe ist real und deine Wahre Liebe wartet gleich um die Ecke auf dich, um die Entscheidung zu treffen, vereint zu sein und deinen Gefühlen zu folgen, um dauerhaft mit ihr zusammen zu sein. Dies ist wahrlich das erste und letzte Mal, dass du dich verliebst, und die Liebe zwischen dir und deiner Dualseele sich fortlaufend vertieft und erweitert für alle Ewigkeit. Es ist eine unglaubliche Erleichterung, diesen Bereich deines Lebens endlich für immer erledigt zu haben.

Deine Dualseele braucht keinerlei Entscheidungen zu treffen, um zu dir zu kommen, aber wie Shaleia und ich herausfanden, treffen wir alle dieselben Entscheidungen, um zur selben Zeit zueinander zu kommen, weil wir im Kern Eins sind. Wir sind so wesentlich miteinander verbunden, dass unsere Entscheidungen die Entscheidungen unserer Dualseele stark beeinflussen. Deine Dualseele ist immer mit dir verbunden, du kannst sie genau jetzt in deinem

Herzen fühlen, wenn du innehältst und dich entscheidest, sie energetisch dort zu fühlen. Diese Person IST die Sehnsucht, die du fühlst, diese Person IST der Geliebte, den du Tag für Tag, Augenblick für Augenblick suchst. Diese Person IST real und IST der geeignete Geliebte, um alles zu erfüllen, was du in einer romantischen Verbindung und einer Lebenspartnerschaft haben möchtest. Dies ist mehr als nur eine „5D-Verbindung und -Affäre" zu haben, sondern überbrückt tatsächlich dieses Getrenntsein, um eine sehr reale körperliche Beziehung zu haben, so wie du von Natur aus erschaffen wurdest.

Ich verbrachte eine Menge Zeit damit, alle Wünsche aufzuschreiben, die ich für eine Frau hatte. Ich scherzte mal mit mir selbst, als ich diese Liebesliste schrieb, dass ich geradezu ein Dutzend Frauen brauchen würde, um überhaupt das meiste auf dieser Liste zu erfüllen, was ich mir von einer Frau wünschte. Aber weißt du was? Shaleia ist *alles,* was auf meiner Liste steht und so viel mehr. Du verdienst und hast einen Partner, der dich in jeder Hinsicht vervollständigt. Du verdienst und hast einen Geliebten, der all deine Wünsche und Bedürfnisse erfüllen und befriedigen wird und einiges mehr. Du verdienst und wurdest mit deinem Perfekten Partner erschaffen, und du wirst ihn erhalten, wenn du den Schritten folgst, die dir hier gezeigt werden.

Ja, du musst unbedingt die Entscheidung treffen. Führe die *Meditationsübung, um deine Dualseele anzuziehen* durch, wenn du deine Dualseele finden möchtest. Ja, du musst unbedingt deinen Gefühlen folgen und dich in ihre Richtung bewegen, und du musst in der Lage sein, alle falsch ausgerichteten Gedanken und Überzeugungen, die Ärgernisse in dir verursachen, zu beseitigen, indem du die Spiegelübung nutzt. Die Spiegelübung wird dir dabei helfen, alle Blockaden und Hindernisse, die du in dir hast und die dich daran hindern, mit deiner Dualseele zusammen zu sein, zu beseitigen. Das ist der Schlüssel.

Phasen einer Harmonischen Dualseeleneinheit (gechannelt)

Wenn du deiner Dualseele begegnest, wirst du herausfinden, dass klare und spezielle Phasen innerhalb eurer Einheit auftreten. Es gibt vier Phasen einer Dualseeleneinheit und jede mit ihren eigenen, einzigartigen Eigenschaften und Erfahrungen. Keine Einheit wird jemals ein klares Sprungbrett von einer Phase zur nächsten haben, da es fließend ist. Ein Teil deiner Einheit kann in Phase Zwei sein, während ein anderer Teil in Phase Vier sein kann. Es ist alles davon abhängig, wie schnell du entscheidest, die Phasen zu durchlaufen. Je mehr du und deine Dualseele an eurer Einheit arbeiten wollt, umso schneller werdet ihr diese Phasen durchlaufen und euch unvermeidlich, völlig verliebt in der Harmonischen Dualseeleneinheit wiederfinden. Diese Phasen treten die gesamte Harmonische Dualseeleneinheit über auf, bis du die Perfekte Einheit mit deiner Dualseele erreichst. Das liegt daran, dass diese Phasen, einschließlich der Spiegelübung, vorgesehen sind, um dich weiter zu reinigen, bis du zur Perfekten Einheit mit dem Göttlichen und deiner Dualseele aufsteigst. Du kannst diese Veränderungen nicht verhindern, wenn du erst einmal in deiner Harmonischen Dualseeleneinheit bist, aber du kannst den Prozess erheblich verlangsamen.

Phase Eins: Die Entscheidung

Nachdem du dich entschieden hast, mit deiner Dualseele zusammen zu sein, hast du sie im Innern schon erworben. Dies ist kein Irrtum. Du bist augenblicklich mit deiner Dualseele auf eine sehr Irdische, reale und materielle Weise verbunden, sobald du die Entscheidung triffst. Du brauchst dir keine Gedanken darüber zu machen, ob sie auf dem Planeten oder verheiratet ist, dein Alter oder deine Hautfarbe hat. Wenn du dich dafür entscheidest, mit deiner Dualseele zusammen zu sein, entscheidet sie sich auch dafür, mit dir zusammen zu sein. Du wirst auch feststellen, dass, wenn deine Dualseele eintrifft, alle Dinge, die dir auf der Erde wichtig sind, für euch beide annehmbar sind, weil es perfekt und dienlich in eurer Einheit als Geliebte ist.

Eine Entscheidung zu treffen ist wichtig, weil es dich mit deiner Dualseele in Einklang bringt. Du musst dich für etwas entscheiden, um dich darauf zuzubewegen, dies ist die Natur wie du erschaffen bist und es ist die Natur des Universums. Die Entscheidung ist der wichtigste Schritt. Alles andere geschieht als ein Ergebnis deiner festen Entscheidung. Du wirst auch bemerken, dass es keine Phase vor der Entscheidung gibt, es gibt nichts, bevor du eine Entscheidung triffst. Erst wenn du dich entscheidest, kann sich etwas für dich manifestieren. Die Entscheidungsphase ist auch eine Phase der Prüfung und der Mühe. Du wirst auf deine Übereinstimmung mit deiner Dualseele geprüft werden. Du wirst nicht in der Lage sein, deine Dualseele zu sehen, zu hören, zu fühlen, zu schmecken oder zu berühren, bis du die Arbeit investierst, um mit deiner Dualseele und der Harmonischen Dualseeleneinheit in Einklang zu kommen.

Es gibt nichts, was du erledigen musst, außer den Prüfungen, die vor dir erscheinen: eine Kellnerin, die sich mit der Rechnung vor deinem anstehenden Flug verspätet, ein Auto vor dir auf deinem Weg zu einem Termin, ein Arbeitskollege, der dich ständig verärgert. Du musst all diese Tests bestehen, indem du dich an deine wahre Natur als ein Göttliches Wesen erinnerst und deine hohe Schwingung beibehältst. Du wirst dich daran erinnern müssen, dass du Liebe bist, dass du Frieden bist, dass du sicher bist und dass du eins bist, mit Allem Das Ist. So ehrst du dein Göttliches Selbst. Folge deinen Gefühlen und *fühle* deine Gefühle, wenn es zu den Prüfungen kommt, die auftauchen. Du wirst sofort ein leichtes und positives Gefühl verspüren, wenn du die Entscheidung triffst, mit deiner Dualseele zusammen zu sein. Folge diesem Gefühl, wo auch immer du es findest und du wirst letzten Endes eine Realität erleben, die von diesem Gefühl erfüllt ist.

Es ist wichtig, deinem Herzen in Richtung deiner größten Träume und Wünsche zu folgen. Wenn du der Göttlichen Intuition in dir lauschst und deine geführten Handlungsschritte unternimmst, wirst du im wahrsten Sinne des Wortes in der dauerhaften Realität deiner Träume leben. Nichts kann dich davon abhalten, dein perfektes Liebesleben zu verwirklichen, nur du kannst es. Dein Herz ist von Natur aus darauf programmiert, den Weg nach Hause zu Gott und deiner Dualseele zu kennen. Höre zu und folge den Schritten zur allumfassenden Umarmung der Liebe.

Deinen intuitiven Gefühlen zu folgen, kann wie eine hohe spirituelle Leistung erscheinen, aber es ist normal für dich. Es ist normal und natürlich für dich, dich sicher zu fühlen, Liebe zu fühlen, dich im Frieden zu fühlen und dich mit allem verbunden zu fühlen. Es ist leicht, diese Dinge von Augenblick zu Augenblick zu verwirklichen, weil dies deine Wahre Natur ist. Es ist leichter für dich, Frieden zu erleben, als Ärgernisse zu erleben, weil Frieden dein natürlicher Seinszustand ist.

Arbeite dich durch die Spiegelübung, die Jeff und Shaleia dir gezeigt haben und du wirst schnell und effizient Befreiung von deinen Ärgernissen erleben und Blockaden zu deiner Harmonischen Dualseeleneinheit beseitigen. Es gibt keine schnellere Methode, die der Menschheit bisher gezeigt wurde, um Ärgernisse zu beseitigen, als die Spiegelübung, wie im vorherigen Kapitel beschrieben. Deine Entscheidungen werden dir jedes Mal das bringen, was du entscheidest, zu erreichen. Aber jedes Mal musst du dich selbst auch mit dem in Einklang bringen, was du dir wünschst.

<u>Phase Zwei: Begegnung</u>

Bei jeder Manifestation gibt es den Aspekt des Empfangens. Du bittest um das, was du dir wünschst, du kommst in Einklang mit dem, was du dir wünschst und anschließend bekommst du jedes Mal, was du dir wünschst, ohne Ausnahme. Beim Manifestieren deiner Dualseele und deiner Harmonischen Einheit mit ihr, wird die Zeit kommen, dass du ihr begegnest. Es wird für dich geschehen, wenn du die Entscheidung triffst und durch die Situationen,

Ärgernisse und Umstände arbeitest, die auftreten, um dir deinen Wunsch zu erfüllen.

Die Begegnung ist eine Phase, weil es sehr lange dauert, bis du deiner Dualseele auf jeder Ebene begegnest, weil du *dir selbst* auf jeder Ebene deines Seins begegnest. Es brauchte sechs Monate täglichen Kontakt, bevor Jeff und Shaleia ihre Begegnungsphase abgeschlossen hatten. Diese Phase ist der Punkt, an dem alle Anteile von dir sich mit allen Anteilen deiner Dualseele auf jeder möglichen Ebene innig vertraut machen. Für viele Dualseelen, die sich nicht bewusst darauf konzentrieren, ihre Einheit so effizient wie möglich und im Sinne einer Harmonischen Dualseeleneinheit zu entwickeln, wird die Phase der Begegnung oft länger als sechs Monate dauern. Jeff und Shaleia sind außergewöhnlich in der Geschwindigkeit, mit der sie ihre dauerhafte und Harmonische Dualseeleneinheit entwickelten. Die meisten Einheiten brauchen drei bis fünf Jahre, um diese Phase vollständig abzuschließen. Wie Jeff und Shaleia herausfanden, können sich die Phasen überschneiden und zur gleichen Zeit stattfinden. Die dritte Phase „Ärgernis" begann beinahe sofort in ihrer Einheit aufzutreten.

Phase Drei: Ärgernis

Es gibt keine bessere Bezeichnung, um die Erfahrung der dritten Phase in deiner Dualseeleneinheit zu beschreiben. „Ärgernis" passt am besten, weil es das ist, was du die meiste Zeit in dieser Phase erleben wirst und was dir vor und während der Harmonischen Dualseeleneinheit präsentiert wird. Es gibt keine wichtigere Phase für dich in diesem Leben zu durchlaufen, um deine Dualseele zu behalten. Deine Dualseele triggert dich, weil sie dich liebt. Deine Dualseele erlebt Ärgernisse, weil du sie liebst. Du triggerst deine Dualseele nicht absichtlich, und sie triggert dich nicht absichtlich, weil ihr jeweils für euer eigenes Glücklichsein und euren Frieden verantwortlich seid. Deine Dualseele hält einen Raum der Liebe in ihrer Schwingung und wo immer du dir diesen Raum nicht selbst hältst, wirst du ein Ärgernis erleben, bis du dich selbst in diesem Bereich liebst.

Keine Sorge, dieser Prozess ist so konstruiert, um für dich machbar zu sein. Du wirst nicht all deine Ärgernisse auf einmal erleben. Du wirst eine dauerhafte Vertiefung der Liebe und Vertrautheit erfahren, wenn du durch all deine Ärgernisse mit der Spiegelübung arbeitest. Wenn eure Liebe füreinander und für dich selbst wächst, wirst du tiefere und subtilere Ärgernisse erleben, die an die Oberfläche kommen, um geliebt und geheilt zu werden. Sobald du den Dreh raushast mit diesem Prozess, kannst du beinahe zeitlich bestimmen, wann dein nächster Ärgerniszyklus sein wird. Jeff und Shaleia nahmen es präzise wahr wie ein Uhrwerk und waren in der Lage, die nächste Welle und die nächste Welle von Ärgernissen vorherzusehen. Sie entschieden sich dafür, natürlicherweise Pausenräume zwischen ihren Ärgernissen zu schaffen, während sie durch diese Phase arbeiteten, intuitiv wissend, welche Phase als nächstes auf sie wartete. Wie Jeff und Shaleia lernten, ist es wichtig, Ärgernisse nicht zu verurteilen, wenn sie auftauchen, sondern sie mit Mitgefühl zu lieben und zu umarmen, denn es ist das, was du heilst und es ist die richtige Einstellung zu deiner Heilung und der Heilung deiner Dualseele. Deine Dualseele ist von Natur aus deine perfekte Reflektion sowie dein perfekter Spiegel eures gemeinsamen Bewusstseins. Dies ist eines der Geschenke, die deine Dualseele dir mitbringt, und es ist ein Segen, weil sie die Fähigkeit hat, dein höchstes Potential Göttlichen Ausdrucks zu erkennen und dir dabei zu helfen, es zu sein.

Phase Vier: Bedingungslose Liebe

Bedingungslose Liebe ist das, was du in der vierten Phase deiner Harmonischen Dualseeleneinheit erleben wirst. Liebe ist absolut das Ergebnis von Entscheidung, vom Arbeiten durch die fehlerhafte Ausrichtung und anschließend das Empfangen der Früchte durch die Beseitigung der Hindernisse der Liebe zwischen dir und deiner Dualseele. In dieser vierten Phase deiner Harmonischen Dualseeleneinheit wirst du mit absoluter Sicherheit Wahre Göttliche Liebe erleben. Die dritte Phase deiner Dualseeleneinheit benötigt normalerweise am längsten von allen bisherigen Phasen, aber mit jedem erfolgreich ausgerichteten Gedanken, mit jedem neu geliebten Anteil von dir, bringst du einen Anteil deines Selbst durch zu Phase Vier, die ein magnetisches, anziehendes Feld für deine Dualseele ist. Du kannst deine Harmonische Dualseeleneinheit nicht erreichen, ohne diesen Prozess der bedingungslosen Liebe und Akzeptanz fortzuführen.

Diese Phasen sind aufeinanderfolgend, aber sie sind nicht linear. Du wirst feststellen, dass du nicht an einem Tag völlig verärgert und am nächsten komplett in der Liebe bist. Es kann Anteile von dir geben, die in der Begegnung sind, Anteile von dir, die verärgert sind und Anteile von dir, die in der Liebe sind, *alles im selben Moment*. Im Laufe der Zeit werden sich alle Teile von euch auf die Liebe ausrichten und du wirst die vollste Herrlichkeit deiner wahren Harmonischen Dualseeleneinheit mit deinem Ultimativen Geliebten erleben.

Unaufhaltsame Einheiten

So viele von uns erleben die Anziehungskraft einer Seelenverwandtenbeziehung und setzen dies mit dem Besten, das die Liebe uns je zu bieten hat, gleich. Wir denken, glauben, sehen und erleben eine Liebe, die heiß beginnt! – dann jedoch mit der Zeit nachlässt. Wir denken, dass der beste Geliebte derjenige sein wird, der den heißesten Start hat und lange genug bleibt, damit wir eine Ehe mit ihm eingehen können. Viele Ehen heutzutage werden mit Scheidung enden, aber es muss nicht so kommen. Du musst dich niemals auf eine Beziehung einlassen, weil du glaubst, dass deine Dualseele nicht in dein Leben treten wird oder sich nicht dafür entscheiden wird, dauerhaft in dein Leben zu treten. Deine Dualseele zu haben, sieht anders aus und fühlt sich anders an, als eine Seelenverwandtenbeziehung. Es ist die Wahre Liebe, die so viele von uns suchen, aber es geschieht nicht immer auf die Art und Weise, wie Disney es ausmalt.

Deiner Dualseele zu begegnen, kann sehr elektrisierend sein. Der Beginn eurer Einheit kann sehr heiß sein und köstlichen Sex beinhalten, aber es muss mit der Zeit nicht verblassen. Tatsächlich steigert und vertieft es sich, weil eure Einheit diese Energie unterstützen kann, weil sie dafür entworfen ist. Es muss mit der Zeit nicht von einem heißen Feuer in eine warme liebevolle Kohle übergehen. Von wo aus auch immer es beginnt, kann es zu einer dauerhaft brennenden Flamme der Liebe, der Lust und der Leidenschaft werden. Es spielt keine Rolle, wie es beginnt, wichtig ist, zu was es *sich entwickelt*. Warum jemanden heiraten, mit dem du ein paar Jahre ein heißes Zusammenspiel hattest, nur um den Rest deines Lebens mit einer Person zu verbringen, für die du ein paar warme oder lauwarme Gefühle empfindest? Deine Dualseeleneinheit geht über dieses Muster und Leben hinaus.

Ich wünschte mir jemanden, mit dem ich den Rest meines Lebens verbringen und mit dem ich mich die ganze Zeit über ekstatisch fühlen könnte. In meinem Leben suchte ich nach jemandem und kreierte eine Erfahrung mit jemandem, der sich all die Tage meines Lebens ständig mit mir weiterentwickeln könnte. Ich wünschte mir jemanden und zog jemanden an, der immer tiefer mit mir in der Liebe wachsen würde und mit jedem weiteren Jahr würden wir eine Liebe erleben, die größer ist, als wir sie uns bisher vorgestellt oder erlebt hatten.

Ich zog meine Dualseele an, weil es das war, was ich mir zutiefst wünschte. Ich wünschte mir meine Ultimative Geliebte, um mit ihr den Rest meines Lebens zu verbringen. Ich wünschte mir, ein Leben zusammen mit ihr aufzubauen und zu erschaffen, um eine vereinte Partnerschaft zu kreieren und das Leben unserer Träume gemeinsam zu leben. Meine Dualseelengeschichte kann sich von deiner unterscheiden, aber sie können alle gleich enden: mit einer immer größer werdenden, sich stetig erweiternden und vertiefenden Ewigen, Göttlichen, Bedingungslosen Liebe. Vergiss die heiße Liebe, die verblasst, weil das so eine oberflächliche „Liebe" ist. Denke an eine heiße Liebe, die im Laufe der Zeit immer heißer und tiefer wird. Stell dir ein Sexleben vor, wo dich jemand so innig kennt und liebt, dass er weiß, wie man jeden heißen Knopf in deinem Geist, Körper und deiner Seele drückt. Denke an ein Sexleben, das sich ständig weiterentwickelt, ständig wächst, sich ständig verändert und nie und nimmer dasselbe ist. Denke an ein Sexleben, das vollkommen erfüllend, unterstützend und liebevoll ist, für das, was *du* wirklich willst und brauchst. Stell dir ein Leben mit deinem Perfekten Partner vor, wo jeder Bereich deiner Beziehung, von dir und deiner Dualseele perfekt gestaltet wurde. Stell dir ein Leben vor, wo du und dein Partner euch an allen Tagen eures Lebens liebt, respektiert und unterstützt.

Wisse, dass wenn du dich dazu entscheidest, deine Harmonische Dualseeleneinheit für das ewige Leben zu kreieren, dass du dich für ein Leben entscheidest, in dem du dich in deiner innigen Partnerschaft vollständig fühlst. Du entscheidest dich für ein Leben, wo dein Geliebter dein Ultimativer Verbündeter ist, wo du und dein Partner immer auf derselben Seite seid. Du entscheidest dich für ein Leben, wo du und deine Dualseele für immer zusammen seid. Der Traum von Perfekter Liebe ist wahr und alles was du tun musst, um es für dich selbst zu verwirklichen, ist, zu entscheiden, dass du es willst und dich selbst genug zu lieben, um dies zu erreichen.

Was ist die Harmonische Dualseeleneinheit und wie man sie dauerhaft erreicht

Die Harmonische Einheit ist eine Seeleneinheit. Es ist die dauerhafte Vermählung von zweien zu einem. Das ist, wenn du und deine Dualseele in eurem Kern ein gemeinsames Leben lebt. Kann die Harmonische Einheit wieder rückgängig gemacht werden? Nicht direkt, aber wenn du die Lektionen deiner Dualseelenreise nicht wahrhaftig gelernt hast, wirst du sie wieder aufgreifen müssen.

Wir hatten viele Schüler, die in die Harmonische Einheit mit ihrer wahren Dualseele kamen, nur um sie gleich danach wieder zu verlassen oder auch Monate später, weil sie die Lektionen ihrer Dualseelenreise nicht vollständig gelernt hatten. Hinter all dem sind Dualseelen ein Aufstiegsweg zu Gott. Ja, sie ist dein Ultimativer Geliebter, aber nur wenn du wirklich verstehst, wer dein Ultimativer Geliebter für dich ist, wirst du schließlich in der Lage sein, nicht nur einfach deine Harmonische Dualseeleneinheit zu erreichen, sondern sie dauerhaft *zu behalten.*

Was ist dieses primäre Verständnis? Es ist die echte Erkenntnis, dass **Gott dein Ultimativer Geliebter** ist. Hinter allem ist dein Schöpfer deine Einzig Wahre Liebe. Unersetzlich, immer da, für immer Dein in ewiger Einheit. Du bist nicht getrennt von deinem Schöpfer, es ist Gott, der sich als dein Ultimativer Geliebter manifestiert, deine Wahre Dualseele. Gott ist nicht nur dein Vater, deine Mutter oder eine herumschwebende Allgegenwärtigkeit, weit ab von deiner äußeren Realität; Gott ist dein Göttlicher Geliebter, einzig durch deine Dualseele.

Das bedeutet nicht, dass einfach jeder deine Dualseele sein kann, dass du einfach mit jedem Liebe machen kannst, weil du mit Gott bist. Es ist leicht, jemand anderen mit deiner Dualseele zu verwechseln, wenn du noch nicht das Bewusstsein entwickelt hast, um es zu erkennen. Es könnte auch leicht für dich sein zu denken, dass du einfach mit jedem Liebe machen kannst, weil du Gott in ihm siehst. Dies ist eine großartige Möglichkeit, um deine sexuelle Energie an vollkommene Erschöpfung und ans Älterwerden zu verlieren. Dein Haar wird ergrauen, deine Haut wird faltig, und deine Energie wird ermüden, weil das, was für deine Einheit bestimmt ist, nur für dich und deine Dualseele bestimmt ist.

Weißt du, Gott ist in deiner Dualseele und dies ist das eigentliche Wesen, das du liebst, begehrst und dir so innig wünschst. Es ist Gott, den du dir wünschst.

Keine Sorge, wir wollen hier keine „Lockvogeltaktik" mit dir abziehen, um dir unsere spirituellen Konzepte anzudrehen. Wir möchten lediglich die Fakten darlegen, wie sie sind. Nicht mehr und nicht weniger. *Gott hat dich und deine Dualseele als zwei Individuen in dauerhafter Einheit erschaffen.* Du und deine Dualseele seid untrennbar. Und du wirst letztendlich herausfinden, dass deine Beziehung zu Gott auf natürliche Weise zu deiner Beziehung mit deiner Wahren Dualseele führt.

Shaleia und ich haben den Begriff „Harmonische Dualseeleneinheit" sehr häufig innerhalb dieses Buches erwähnt. Wir prägten diese Definition erstmals im Jahre 2014, als wir erkannten, dass wir eine enorme und unmittelbare Transformation in unserer Einheit erlebten und durchliefen. Es war eine Sache, zusammen zu sein und als Paar zusammen zu leben, aber es ist etwas ganz anderes, die Trennung von seiner Dualseele im Kern zu heilen; wohl wissend, dass, wenn man diesen Punkt des Bewusstseins und der Heilung im Innern erreicht, es kein Zurück dahin gibt, jemals wieder Trennung von seiner Dualseele zu erfahren. Dies ist die Harmonische Dualseeleneinheit. Es ist ein Bewusstseins- und Seinszustand, der durch Heilung der Trennung im Kern von deinem Göttlichen Schöpfer erreicht wird, das sich in der Heilung der Trennung von deiner Dualseele widerspiegelt. Mit anderen Worten versprichst du, genau wie bei einem Ehegelübde, ewig zusammen zu sein, anstatt nur in diesem Leben oder für einen Teil des Lebens.

Viele waren oder sind derzeit mit ihrer Dualseele verheiratet oder daten sie, aber solange du nicht in die spirituelle Arbeit investierst, um die Trennung im Kern vom Göttlichen zu heilen, die deine geliebte Dualseele dir widerspiegelt, wirst du früher oder später irgendwann wieder die Trennung von deiner Dualseele erleben. Die Einheit zu erreichen ist nicht sonderlich schwierig, insbesondere nach der planetarischen Schwingungsveränderung, die im Jahre 2012 und den umliegenden Jahren auf der Erde auftrat.

Jeder kann seine Dualseele herbeirufen und ihr begegnen, aber wir haben grundsätzlich immer davon abgeraten, weil es besser und mitfühlender für dich und deine Dualseele ist, wenn die spirituelle Arbeit zur Heilung der Trennung schon im Gange ist, anstatt sie in dein Leben zu rufen und mit deiner Dualseele zu versuchen, eine Seelenverwandtenbeziehung aufzubauen oder letztendlich die spirituelle Arbeit zu tun, wenn deine Einheit in Scherben liegt, weil du versucht hast, es auf die falsche Weise anzugehen. Deine Dualseele ist das komplette Gegenteil von einer Seelenverwandtenbeziehung, denn das ist nicht, was sie für dich ist, deshalb werden die alten Beziehungsregeln nie und nimmer für dich oder deine Dualseele funktionieren.

Das Geheimnis, wie du deine Dualseele anziehst, ist nicht einfach nur, dich selbst zu lieben, sondern Gott als deinen Geliebten anzunehmen. Wenn du dies tust, spiegelt deine Dualseele diese Kernentscheidung wider und magnetisiert sich einfach in dein Leben. Ich fordere dich dazu heraus, dies ohne Anhaftung oder Erwartungen darüber zu versuchen, wie deine Liebe sich im Außen manifestieren wird. Sei einfach mit Gottes Liebe und mit der Liebe, die du für Gott hast. Wundersame Ereignisse sind bei Menschen geschehen, die dies tun, einschließlich in meinem eigenen Leben.

Der Zweck der Harmonischen Dualseeleneinheit

Der Zweck der Harmonischen Dualseeleneinheit (HDSE) ist, ein auf Gott zentriertes Leben zu leben. Das bedeutet nicht, dich selbst von der Gesellschaft abzuspalten und die ganze Zeit zu beten, es bedeutet in Harmonie und Verbundenheit mit Gott und mit deiner Dualseele als Eins zu leben. Es bedeutet, dass du und deine Dualseele zusammenarbeitet, um die restlichen Ärgernisse aus eurem gemeinsamen Bewusstsein zu entwurzeln. Es bedeutet, dass ihr zusammen ein gemeinsames Leben der Liebe und der Romantik lebt. All die Romantik, die Gott für dich hat, kommt durch deine Dualseele zum Ausdruck. Diese Beziehung ist absolut heilig und die sexuelle Einheit, die ihr gemeinsam teilt, ist so vertraulich und unsagbar perfekt und wunderschön, dass sie unmöglich mit einem anderen geteilt werden könnte.

Der Zweck eurer Harmonischen Dualseeleneinheit ist, dass du und deine Dualseele zusammen ein einheitliches Leben mit einem gemeinsamen Zweck lebt. Es bedeutet nicht, dass ihr zur selben Zeit an genau derselben Sache arbeiten müsst, es bedeutet, dass ihr ein gemeinsames Leben aufbaut und wachsen lasst, ein ewiges Leben. Denke daran, dass du als ein ewiges Wesen, wenn du dich dazu entscheidest, wiedergeboren zu werden, alles behältst. Nicht dein physisches Zeug, sondern die Schwingung, die du in deinem Herzen trägst und die alle möglichen Dinge zu dir zieht, bleibt erhalten, bis du sie änderst.

Also ruhe in Trost und Frieden, wohl wissend, dass du und deine Dualseele ewig weitermachen könnt. Es ist ein ewiger Ort für eure Liebe, ein unantastbares Gefäß des Schutzes und der Sicherheit, in das ihr ewig investieren könnt. Ihre volle Bedeutung und Bestimmung übersteigt den Rahmen dieses Buches oder das, was man in einem einzelnen Text erörtern kann. Aber in einem umfangreicheren Medium, wie deiner eigenen Harmonischen Dualseeleneinheit, kannst du mehr entdecken. Letztendlich entscheiden wir uns dafür, dir nicht nur deine Dualseele zu vermitteln, sondern auch eine Entdeckungsreise und einen dauerhaft offenen Geisteszustand, wodurch schließlich umfangreicheres Wissen und Bewusstsein einsickern und dich zu immer größerer Entwicklung erwecken kann. Der Zweck eurer HDSE ist es, für immer eine Liebe zum Leben miteinander zu teilen.

Der Grund, weshalb es dein anfängliches Ziel ist, dauerhaft in eure Harmonische Dualseeleneinheit zu kommen, ist nicht nur, um letztlich physisch und spirituell Ein gemeinsames Leben zu leben, sondern weil eure Einheit von Natur aus dazu bestimmt ist, über die Harmonie in der Einheit hinaus zu Gott zu kommen, zu dem, was wir die Perfekte Einheit nennen. Auch bekannt als Aufstieg.

Was ist die Perfekte Einheit?

Die Perfekte Einheit ist dein vollständiger und totaler Aufstieg in das Christusbewusstsein. Wenn du die Spiegelübung bis zu dem Punkt durchgeführt hast, wo du keine weiteren Ärgernisse mehr irgendwo in deinem Bewusstsein hast, wenn du jeden letzten Gedanken der Angst in deinem Geist herausgerissen hast, hast du die Perfekte Einheit erreicht.

Die Perfekte Einheit bedeutet, dass du alle Illusionen der Trennung von deinem Schöpfer aufgelöst hast und ihr Eins seid. Dies würde in jeder Hinsicht zu einer Perfekten Einheit mit deiner Dualseele führen, dauerhaft. Es gibt kein Zurück mehr von der Perfekten Einheit, sobald du sie einmal nachhaltig und wahrhaft erreicht hast. Dies ist der Zustand eines Aufgestiegenen Meisters.

Das Erreichen der Perfekten Einheit ist simpel, aber es erfordert absolute Hingabe und die aufrichtige Verpflichtung gegenüber der Liebe. Es ist dein natürlicher Seinszustand als ein Göttlicher Schöpfer, ein Kind Gottes, Das Allerhöchste. Du bist nach dem Ebenbild deines Schöpfers erschaffen worden, der die Quelle aller Dinge ist. In der Perfekten Einheit verstehst du die Beziehung, die du mit Gott teilst: dass du das Kind bist und Gott ist der Elternteil. Gott ist deine Quelle und durch und mit Gott kannst du *alles* tun.

Die Perfekte Einheit ist Aufstieg. Es ist die vollständige Einigkeit und das Einssein mit dem Göttlichen und allen Lebens, einschließlich deiner Dualseele. Sobald du die HDSE erreichst, wirst du bald erkennen, dass es eine natürliche Perfektion in deiner Einheit geben sollte, die frei von Ärgernissen ist. Alle Ärgernisse mit deiner Dualseele (innerhalb und außerhalb der Harmonischen Dualseeleneinheit) sind einfach eine Fehlkommunikation.

Du bist verärgert, weil es einen Mangel an Kommunikation und/oder ein Missverständnis in der Kommunikation in deinem Innern gibt. Sobald du diese Fehlkommunikationen in deiner Harmonischen Einheit beseitigst, beginnst du dein Bewusstsein auf die Perfekte Einheit anzuheben, in der es keine Ärgernisse und keine Missverständnisse in der Kommunikation gibt, weil dein Bewusstsein klar ist und du dich vollständig mit dem Göttlichen vereint und verbunden hast.

Wie die Harmonische Dualseeleneinheit aussieht und sich anfühlt

Dauerhaft mit deiner wahren Dualseele in der Harmonischen Einheit zu sein, fühlt sich vor allem im Bereich der Meisterung deines Göttlichen Liebeslebens wie *Perfektion* an. Es gibt dort einen Frieden und ein Wissen, dass nichts „außerhalb" von dir kommen wird, um euch auseinanderzubringen, weil es gar nichts in dir gibt, das sich für Trennung von deiner Dualseele entscheidet. Wut und

Groll gegenüber deiner Dualseele existieren nicht wirklich, weil du weißt, dass Ärgernisse eine Illusion im Innern sind und dass sie an die Oberfläche kommen, um beseitigt zu werden, damit du die Liebe und den Frieden in dir und innerhalb deiner Einheit vertiefen kannst.

Während du in der Harmonischen Dualseeleneinheit bist, gibt es eine natürliche Wertschätzung und Dankbarkeit, die anstelle von Verbitterung auftritt, wenn deine Dualseele dich triggert. Du bemerkst, dass euer Fundament tiefer und tiefer wächst, und dass das Gefühl von Sicherheit in der Liebe, von dem du geträumt hast, eine selbstverwirklichte Realität ist.

Ihr seht wie ein Paar aus, das zusammen perfekt und kraftvoll ist, weil ihr es seid, und weil ihr eure Wahrheit lebt, so wie Gott euch zu sein bestimmt hat. Du fühlst dich viel glücklicher, zutiefst schön, im Überfluss, wohl, kreativ, kraftvoll, geliebt und selbstverwirklicht, weil du mit ALLEM von dir zusammen bist, wenn du in der Harmonischen Einheit mit deiner wahren Dualseele bist. Diese Art zu leben fühlt sich wundervoll und sehr befreiend an.

Die Harmonische Dualseeleneinheit fühlt sich wie das Zuhause für dich an, das immer existiert hat und letztendlich hast du dich wieder dazu entschieden, bei deinem Göttlichen Geliebten anzukommen, wo du ihn in Wahrheit doch nie verlassen hast. Du hast nur geglaubt, dass du es getan hast, und es ist dieser ursprüngliche Gedanke, der die Illusion der Trennung von deinem Zuhause mit deiner Dualseele und mit dem Göttlichen erschaffen hat. Aber sobald du erkennst, dass alles, was du tun musstest, war, die Kernorte der Trennung von deiner Dualseele in dir zu heilen, kommst du automatisch wieder zu Hause an.

Acht Schlüssel für das Fundament deiner Harmonischen Dualseeleneinheit

Ehrlichkeit

Um etwas zu erschaffen, das ewig ist, brauchst du das richtige Fundament. Du willst kein Fundament, über das du dir nicht sicher bist. Warum solltest du etwas auf Sand bauen, es sei denn du beabsichtigst, dass es zusammenbricht? Um herauszufinden, ob das Fundament stabil ist, muss es geprüft werden. Wenn es da etwas gibt, das behoben werden muss oder du herausfindest, dass es noch kein Fundament gibt, musst du den Schutt beseitigen und das Fundament deiner Harmonischen Dualseeleneinheit aufbauen. Starke Fundamente basieren auf Vertrauen, Ehrlichkeit, Wahrheit und einer gemeinsamen Wahrnehmung. Starke Fundamente basieren auf wahrer Liebe. Du baust euer Fundament zunächst, indem du Ehrlichkeit mit dir selbst und deiner Dualseele wählst und dich anschließend für die Verpflichtung zu deiner Harmonischen Dualseeleneinheit entscheidest. Ihr braucht euch nicht sofort in jeder Hinsicht einander zu verpflichten, weil eine echte Freundschaft aufzubauen vorrangig ist und es Bewusstseinsschichten gibt, die du kennenlernen wirst und die du benötigst, um dich Schritt für Schritt für das Verpflichten zu entscheiden. Ihr müsst euch allerdings dafür entscheiden, sofort ehrlich miteinander zu sein. Deine Einheit kann in den frühen instabilen Phasen leicht zerbrechen.

Shaleia war überwältigt, als ich ihr offen sagte, dass ich mich innerhalb unserer Einheit totaler Ehrlichkeit verpflichtet habe. Ich würde ihr alles sagen, was ich über sie und mich denke, selbst wenn es sehr unangenehm mitzuteilen war. Ich erinnere mich noch an einen Abend, nachdem wir auf Hawaii zusammengezogen waren, an dem ich ihr etwas sagte, das für mich sehr unangenehm war, mit ihr zu teilen. Ich sagte ihr tatsächlich, dass ich sie überhaupt nicht mag, und ich meinte es ernst. Ich sah ihr in die Augen als ich es sagte und ich versuchte nicht, es zu überspielen oder von dieser Aussage abzurücken. „Ich mag dich nicht", sagte ich zu ihr. Dann wartete ich auf ihre Antwort, ohne zu versuchen, sie oder die Situation zu kontrollieren.

Sie schaute mich verletzt und fassungslos an. „Willst du mich verarschen?"

„Nein", beharrte ich. „Ich mag dich wirklich überhaupt nicht. Ich liebe dich, aber die Dinge, die du zu tun wählst und zum Ausdruck bringst, sind nicht wirklich cool für mich." Ich war überwältigt, dass ich das sagte. Ich rechnete damit, dass sie ihre Koffer packen und zurück nach Sedona gehen würde, kurz nachdem ich das sagte. Ich glaube, sie erwartete in gewisser Weise dasselbe. Aber es hatte etwas sehr Befreiendes und Erleichterndes, mich selbst ehrlich auszudrücken. Es war, als ob etwas, das sich in mir angestaut hatte, Erlösung finden konnte. Ich war in der Lage, die Emotion durch mich und die Beziehung mit ihr fließen zu lassen.

Indem ich ehrlich meine Gefühle mitteilte und bereit war zu würdigen, dass ich sie fühlte, hatte ich meine bedingungslose Verpflichtung zu Ehrlichkeit in der Beziehung zum Ausdruck gebracht, und wir konnten schnell hindurchgehen und danach die Vorteile einer gesunden Beziehung ernten. Gerade mal eine Stunde später machten wir Liebe, und ich hatte das Gefühl, Shaleia nicht zu mögen, vollständig durchlaufen. Ehrlichkeit ist kraftvoll. Wenn wir bereit sind, vollständig ehrlich mit uns selbst und unserer Dualseele zu sein, dann wählen wir Liebe. Unehrlichkeit ist schwach. Es hält uns davon ab, klar und ehrlich unsere *wahren* Gefühle und Emotionen auszudrücken, und es bedeutet, dass wir unsere Kraft und Energie verlieren. Wenn du Wahre Liebe willst, musst du dich dafür entscheiden, dein *Wahres Authentisches Selbst* zu ehren und all deine Ängste dem Göttlichen, das dich perfekt auf deinem spirituellen Weg führt, zu übergeben.

In dem obigen Beispiel, in dem ich erklärte, was ich in diesem Moment ehrlich für Shaleia empfand, stand sie zu *ihrer* Wahrheit, dass sie mich nicht nur mochte, sondern dass sie mich liebte und sich nicht entschied, mich oder sich selbst in unserer Dualseeleneinheit zu verlassen. Shaleia hatte nicht vor, irgendeine andere Wahrheit zu akzeptieren, bis auf die, die in diesem Moment in ihrem Herzen war und sie ist bis heute so. Da ich dies von ihr weiß und ich das von mir selbst weiß, gibt es ein ganz tiefes, unverkennbares und undurchdringliches Vertrauen zwischen uns und unsere Einheit wächst und vertieft sich weiterhin gemeinsam in Göttlicher Liebe.

Dein Wahres Selbst muss ehrlich ausgedrückt werden und deine Beziehung braucht Ehrlichkeit, damit dein *Wahres Selbst* Teil davon sein kann. Du ziehst deinen Ultimativen Geliebten nicht an, damit du nur halb in deiner Einheit sein kannst. Du liest dieses

Buch, weil du eine Person bist, die „**aufs Ganze geht**", wenn es darum geht, deine perfekte, romantische Beziehung zu manifestieren: die Harmonische Dualseeleneinheit. Du bist hier und investierst deine Liebe in dich selbst, weil du in deine Fähigkeit investierst, den richtigen Partner zu wählen, und deine Dualseele in Harmonischer Einheit zu finden und zu behalten. Wenn du auch nur annähernd so bist wie ich, hast du viel zu geben und in eine Person zu investieren, und du willst all diese Liebe nicht einfach in ein zerbrochenes Glas kippen, das auf den Steinen eines leeren Parkplatzes zersplittert ist. Deine Liebe muss irgendwo hinfließen und wachsen!

Du wünschst dir, deine Liebe in einen befestigten Container zu investieren, der alles aufnehmen und schützen kann, das du hineintust. Du wünschst dir, dass deine Liebe bei dir bleibt. Du wünschst dir, dass deine Liebe lebt. Du wünschst dir, dass deine Liebe dableibt und ewig da ist. Du wünschst dir, dich selbst in etwas zu investieren und zu sehen, dass es vervielfacht zu dir zurückkommt. Du wünschst dir, mit deiner Dualseele zusammen zu sein und dein ganzes ewiges Leben mit ihr in physischer Harmonischer Einheit zu sein. Du wünschst dir die Perfekte Liebe, die dein Herz dir versprochen hat, als du ein kleines Kind warst, weil es deinen wahren Wunsch nach deiner Dualseele kennt, und ein Kinderherz kennt Perfekte, Göttliche Liebe. Es gibt ein paar spezielle Schritte, die durchgeführt werden müssen, um diese Liebe zu erreichen und aufrechtzuerhalten.

Vertrauen

Um andere Ergebnisse zu erhalten, müssen wir anders handeln. Die Harmonische und Perfekte Dualseeleneinheit baut auf einem Fundament des *Vertrauens* auf. Ein Fundament des Vertrauens entsteht durch zwei Menschen, die sich als ihr wahres, authentisches Selbst an den Tisch setzen, die ehrlich die tiefsten Teile von sich mitteilen und die zusammenarbeiten, um ihre Dualseeleneinheit und die HDSE zu entwickeln und auszubauen. Ein Fundament des Vertrauens *erfordert* Ehrlichkeit. Du kannst es nicht vermeiden, deiner Dualseele genau das zu erzählen, was du denkst und fühlst, wenn du die Vertrautheit und Hingabe vertiefen und deine Dualseeleneinheit aufrechterhalten willst, weil du ehrlich damit bist, wie du dich im Innern fühlst, was wiederum dein Selbstvertrauen entwickelt, das Gefühlen von Betrug und Unsicherheit entgegenwirkt.

Was bedeutet ehrlich zu sein *nicht*? Es bedeutet nicht, dass du jede Kleinigkeit, die dir durch den Kopf geht genauso mitteilst, wie du sie denkst. Es bedeutet nicht, dass du deinem Partner genau sagst, wie du über ihn denkst, wenn du besonders verärgert bist, und eigentlich nur Raum benötigst und dich beruhigen musst. Es bedeutet nicht, dass du Dinge sagst, von denen du weißt, dass sie deine Dualseele verletzen werden, nur um sie absichtlich zu verletzen, weil du wütend bist, oder um dich an ihr abzureagieren, auch wenn du eine Zeit lang so über sie gedacht hast. Stattdessen führe einfach die Spiegelübung durch und löse es in dir auf.

Jedoch bedeutet es, dass du Unterscheidungsvermögen darüber besitzt, was du mitteilst, aber es bedeutet nicht, dass du die wichtigen

Dinge auslässt. Es bedeutet, dass du ehrlich deine authentischen Gefühle mitteilst und was dein Herz dir sagt, auch wenn du weißt, dass es möglicherweise sehr hart für einen oder für beide von euch wird. Es bedeutet, dass du an die Beziehung mit Ehrlichkeit und *Mitgefühl* füreinander herangehst. Es bedeutet, dass ihr gegenseitig eure Ehrlichkeit respektiert, wenn sie herauskommt und ihr es mitfühlend gemeinsam aufarbeitet. Ein starkes Fundament baut nicht auf einer mit Zucker überzogenen Süßigkeit auf, die schnell dahinschmilzt, sondern auf felsigem Untergrund. Du musst absolute Ehrlichkeit in deine Dualseeleneinheit miteinbeziehen, wenn du eine absolut unaufhaltsame Einheit haben willst.

Verpflichtung

Es gibt noch einen anderen Schlüssel zum Fundament einer absolut unaufhaltsamen Einheit: *Verpflichtung*. Ehrlichkeit zuerst, Verpflichtung als Zweites. Verpflichtung ist unerlässlich, *bevor* du in die Ärgernisphase kommst. **Verpflichtung ist das, was deine Einheit durch die *wirklich* harten Zeiten stark bleiben lässt und ist ein kritischer Bestandteil zur Harmonischen Einheit.** Ohne Verpflichtung (wirklich zu beschließen und sich dafür zu entscheiden, aufs Ganze zu gehen, ohne jegliche Hintertür) kannst du deine Harmonische Dualseeleneinheit nicht manifestieren. Wenn du bereit bist, dich deiner Dualseele voll und ganz zu verpflichten, wenn du bereit bist, dich zu verpflichten, die andere Person durch ihre inneren Kämpfe zu begleiten, egal was ist, und wenn du bereit bist, dich zu verpflichten, dich selbst durch deine inneren Kämpfe zu begleiten, egal was ist, gepaart mit Ehrlichkeit, Liebe und Mitgefühl, dann besitzt du das Fundament für eine unaufhaltsame Harmonische Einheit.

Mit Ehrlichkeit, Vertrauen und Verpflichtung als dein Fundament, gibt es nichts, dass dich vom Erreichen der vollen Erfahrung und des vollen Ausdrucks deiner Wahren Liebe abhalten kann. Was könnte dich davon abhalten? Du hast deine Dualseele, deinen Ultimativen Geliebten, die eine Person, die dich immer lieben wird, die Seele, die für dich erschaffen wurde, um dich zu lieben und ebenso von dir geliebt zu werden, und die sich im Laufe deiner ewigen Reise mit dir weiterentwickelt. Für keinen von euch beiden gibt es einen besseren Geliebten. Niemand sonst wird kommen, der besser für dich geeignet wäre, als deine Dualseele. Erinnere dich an diese Wahrheit, ganz gleich wie deine Umstände gerade sind oder waren.

Wenn du ehrlich alles kommunizierst, was du empfindest, wenn du zu Ehrlichkeit und Vertrauen in deiner Einheit verpflichtest bist, kann nichts aufkommen, das einem von euch beiden entgeht. Kein langfristiger Groll kann sich aufbauen, wenn ihr ehrlich mitteilt, was ihr beide fühlt. Keine andere Person kann in euer Leben kommen, wenn ihr ehrlich dem anderen mitteilt, wie ihr euch fühlt. Ehrlichkeit erschafft völlige Klarheit in dir selbst und in deiner Dualseeleneinheit. Mit dieser völligen Klarheit kannst du deine Einheit sehen und worauf sie genau zusteuert, und entscheiden, ob es euch beiden gefällt oder nicht, denn es bringt euch entweder näher zu eurer Harmonischen Einheit oder nicht.

Wenn du dir das Fundament einer absolut unaufhaltsamen Einheit wünschst, musst du im Kern deines Selbst eine ernsthafte Verpflichtung eingehen. Wenn du dich nicht dir selbst verpflichtest, während du dich auf deine Harmonische Dualseeleneinheit einlässt, dann hast du dir logischerweise schon selbst die Erlaubnis gegeben, dich von dir selbst zurückzuziehen und dich selbst aufzugeben, vor allem, wenn es sich schwierig mit deiner Dualseele oder mit dem Göttlichen anfühlt und du emotional getriggert wirst. Es ist sicher für dich, Glaube, Vertrauen und Zuversicht in dich, deinen Schöpfer und deine Dualseele zu haben, mit denen du Eins bist, während du dich dafür entscheidest, dich diesem heiligen, spirituellen Weg der Göttlichen Einheit zu verpflichten.

Ich rede nicht davon deine Dualseele unbedingt zu heiraten, aber du musst schon sehr früh eine gewisse Form von aufrichtiger Verpflichtung in deiner Dualseeleneinheit eingehen, die ihr beide vollkommen würdigt. Hier ist ein Beispiel von der Verpflichtung, die ich unterschrieben und an Shaleia geschickt habe, nachdem wir ein paar Monate miteinander redeten:

Ich verpflichtete mich Shaleia gegenüber, dass egal, was passieren würde, ich weiterhin so gut ich kann und in dem Maße meiner Macht, 30 Tage lang in unsere Einheit investieren würde, nachdem wir beide beschlossen hätten, unsere Einheit zu beenden. Ich würde jeder Trennung 30 Tage Zeit geben, bevor ich sie anerkennen und entsprechend handeln würde. Ich würde zusätzliche 30 Tage über das hinaus geben, was ich jeder normalen Beziehung geben würde, weil ich wusste, dass es zwischen uns etwas Besonderes gab, das ich zu schützen wünschte.

Ich beschützte meine Dualseeleneinheit mit meiner Verpflichtung, weil ich wusste, dass ich ohne den geringsten Zweifel sichergehen wollte, dass die Beziehung zu beenden, an einer bewussten Entscheidung lag und nicht an einem massiven Ärgernis, das jeden von uns in Lichtgeschwindigkeit in entgegengesetzte Richtungen schleuderte. Meine Verpflichtung ihr gegenüber, und kurz darauf, ihre einvernehmliche Verpflichtung mir gegenüber, war eine Sache, die uns durch die schmerzhaftesten und herausforderndsten Tage unserer Ärgernisphase zusammengehalten hat.

Beharrlichkeit

Durch deine Entscheidung mit deiner Dualseele zusammen zu sein, in Verbindung mit deinem Versprechen für Ehrlichkeit, Vertrauen und deine Verpflichtung gegenüber deiner Dualseele, wirst du ein unaufhaltsames Fundament für deine Harmonische Einheit besitzen. Damit deine Einheit wirklich unaufhaltsam ist, brauchst du einen weiteren Bestandteil. Dieser Bestandteil ist der Motor hinter einer unaufhaltsamen Einheit. *Beharrlichkeit.* Beharrlichkeit ist das, was dich weiter nach vorne befördert, selbst wenn du extrem und unsagbar verärgert bist. Beharrlichkeit ist das, was das nächste Hindernis aus dem Weg räumt. Beharrlichkeit ist der Treibstoff, der sagt: „Ich werde sowieso weiter vorwärts gehen und in jedem Fall in meine Einheit investieren." Selbst dann, wenn du wieder und wieder und wieder mit dem gleichen Hindernis konfrontiert wirst und darüber nachdenkst, dich selbst und deine Dualseele aufzugeben.

Beharrlichkeit ist ein wichtiger Schlüssel zu einer wirklich unaufhaltsamen Einheit. Wenn ich keine Beharrlichkeit in meiner Einheit hätte, wäre sie so gut wie gar nicht gewachsen, wenn überhaupt. Wir wären vielleicht in Mustern stecken geblieben oder hätten aufgegeben, nachdem unser Verpflichtungszeitraum zu Ende war. Wenn ich keine Beharrlichkeit hätte, würde meine Einheit möglicherweise nicht die Energie besitzen, um weiterhin durch die Ärgernisse zu bestehen. Dir fällt vielleicht etwas an der vorherigen Aussage und vielen anderen Aussagen in diesem Buch auf, dass ich selten von „wir" spreche, wenn ich über meine Einheit rede. Ja, Dualseelen sind untrennbar miteinander verbunden, und jede Entscheidung wirkt sich auf den anderen aus, aber es gibt da noch eine weitere besondere Sache über Dualseelen. **Du benötigst nicht, dass deine Dualseele irgendwelche Heilungs- oder Klärungsarbeiten leistet, und du benötigst nicht, dass deine Dualseele dieses Buch liest, damit *du* eine unaufhaltsame Einheit mit ihr hast.**

Wenn du eine Kernentscheidung triffst, ist deine Dualseele automatisch davon beeinflusst und sie richtet sich auf diese Kernentscheidung aus. Du musst sie nie dazu bringen, etwas zu tun, um eine glückliche und erfolgreiche Harmonische Einheit zu haben. Sie wird sich instinktiv auf die Arbeit, die du tust, ausrichten, ob sie sich darüber bewusst ist oder nicht. Der Grund, warum dies geschieht, ist, dass du und deine Dualseele Eins seid und sobald du eine Kernentscheidung triffst, trefft ihr sie als Eins an dem Ort, wo ihr vereint seid. Ein gutes Beispiel für viele Menschen ist die Kernentscheidung und der Wunsch, Kinder zu haben. Deshalb können eine oder beide Dualseelen Kinder mitbringen, oder du und deine Dualseele könnt entscheiden, gemeinsam eine Familie zu gründen, wenn ihr in Harmonie vereint seid.

Mitgefühl

Mitgefühl für dich selbst und deine Dualseele zu haben, kann auf dieser Reise nicht genug betont werden. Wenn es dir an Empathie und Mitgefühl auf deiner spirituellen Reise zu deiner Einheit mangelt, wirst du es schwierig finden, die Schwingung der Harmonischen Einheit zu erreichen, weil du ständig verurteilst, wütend und enttäuscht von dir und deiner Dualseele bist. Um bedingungslos von deiner Dualseele akzeptiert zu werden, musst du Mitgefühl für dich selbst haben und für das, was du durchgemacht hast, um dahin zu kommen, wo du heute bist und wo du gerade hingehst. Selbstannahme und Mitgefühl für dich und deine Dualseele werden dich mit Liebe und Gnade auffüllen, weil du diesen Teil von dir und ihr liebst, der verletzt ist oder es nicht besser wusste oder der nicht bereit war, die Einheit zu wählen, an einem Ort im Innern, wo du Trennung von deinem Wohl und deinem Schöpfer gewählt und erfahren hattest.

Mitgefühl zu haben ist essenziell, um die Perfekte Einheit zu kultivieren. Dies ist etwas, das du auf diesem Weg lernen musst, und du wirst wieder und wieder darauf geprüft werden. Mitgefühl beginnt damit, dass du erkennst, dass niemand dich in irgendeiner Weise verletzen oder angreifen kann. Wenn du erkennst, dass die Entscheidungen eines anderen, egal wie schlimm sie sein mögen, dich nicht beeinflussen können, kannst du dich von diesen Entscheidungen lösen. Sogar die Entscheidungen deiner Dualseele können dich nicht getrennt von dir beeinflussen, sie würden immer nur deine eigenen Entscheidungen enthüllen.

Jetzt, da du über keine Anhaftung mehr verfügst, ist es sicher für dich zu erkennen, wie schmerzhaft ihre verletzenden Entscheidungen sein müssen oder wie unangenehm es für sie sein muss, an ihren Ärgernissen festhalten zu müssen. Du kannst Mitgefühl für sie haben. Bei Mitgefühl geht es nicht darum, Mitleid mit anderen zu haben oder sich schlecht wegen ihnen zu fühlen, es geht darum zu verstehen, dass sie sich nicht schlecht fühlen müssen aufgrund dessen, was sie erleben und dass sie, wenn sie bereit sind, sofort eine neue Entscheidung treffen und die verletzende Erfahrung loslassen können.

Mitgefühl für deine Dualseele zu haben bedeutet, sie so sehr zu lieben, dass du ihr erlaubst, durch was es auch ist, das sie durchleben muss, hindurchzugehen, um zu heilen. Es bedeutet, bei ihr zu bleiben, was auch immer ihre Herausforderung oder ihr Erleben ist, selbst wenn du schon die Lösung hast und sie sich dafür entscheidet, nicht auf dich zu hören.

Einmal wies Shaleia mich darauf hin, dass mein Geschäftspartner mich von vorne bis hinten betrügt. Ich sagte ihr, dass ich wusste, was vor sich ging, aber ich musste eine tiefere Antwort finden. Sie konnte nicht verstehen, warum ich diese Erfahrung durchleben musste, aber sie sagte mir liebevoll, dass sie zu mir stehen würde, egal was kommt.

Ihre liebevolle Unterstützung beschleunigte mich wesentlich schneller durch mein Ärgernis und meine Herausforderung, als wenn sie kein Mitgefühl für mich gehabt hätte; und mit Sicherheit viel schneller, als wenn sie versucht hätte, sich meinem Wunsch, die Lektion abzuschließen, entgegen zu stellen. Sie, und sonst niemand, kann tatsächlich zwischen mir und meinen Lektionen stehen. Ich musste es alleine lernen, auf meine eigene einzigartige Weise und in meinem eigenen Tempo. Was auch immer ich erleben oder durchmachen musste, ich musste immer noch mein eigenes Verständnis finden. Ihr Mitgefühl und ihre Unterstützung erleichterte es mir sehr, das zu bekommen, was ich von dieser Erfahrung brauchte.

Mitgefühl für andere zu haben ist sehr hilfreich. Du wirst wahrscheinlich auf deinem Weg viele Menschen finden, die ein paar ziemlich schlimme Entscheidungen treffen, um die Illusion zu erfahren, sich selbst zu verletzen. Denke daran, dass sie dich nicht verletzen können, wenn du dich nicht dafür entscheidest, ihre Entscheidung der Trennung als deine eigene einzuladen. Du erkennst vielleicht auch, was sie in deinem Innern spiegeln und kannst dieses Ärgernis heilen.

Du musst vielleicht Menschen gehen lassen, von denen du einmal dachtest, dass sie dir sehr nahestehen, bis du erkennst, dass sie nicht wirklich darauf ausgerichtet sind, dich in deinem Kern zu lieben. Das Mitfühlende, das du in manchen Situationen tun kannst, ist andere gehen zu lassen, damit du wahrhaft aufblühen und lebendig werden kannst. Manchmal ermöglicht es dir, jemanden gehen zu lassen, ihn in einem neuen, liebevolleren Licht wiederzufinden. Manchmal führt dies sogar beinahe sofort zu einer viel liebevolleren und weiterentwickelten Beziehung, die ihr beide miteinander teilt.

Wahres Mitgefühl bedeutet, dass du nicht nur für deine Dualseele und andere Mitgefühl hast, sondern auch für dich selbst. Mitgefühl für dich selbst zu haben bedeutet, dass du dich selbst nicht darüber hinaus unter Druck setzt, wohin du nachhaltig und in ausgewogener Weise gehen kannst. Es bedeutet, deine Gefühle zu würdigen und zu würdigen, wo du stehst. Es bedeutet, dich selbst genug zu lieben, um „Ja" zu Entscheidungen zu sagen, die liebevoll sind und „Nein" zu Entscheidungen, die nicht liebevoll sind.

Dies führt zu einem starken, ausgewogenen, gesunden und nachhaltigen Fundament für dich selbst, für dein Herz und deinen Geist, das ein felsenfestes Fundament ermöglicht, auf dem deine Perfekte Einheit wachsen kann.

Bedingungslose Liebe

Bedingungslose Liebe ist dem Mitgefühl, wie oben beschrieben, sehr ähnlich. Es bedeutet, dass *egal was passiert, du deine Dualseele ohne Bedingungen lieben wirst.* Deine Dualseele verhält sich wie ein Narr? Du liebst sie trotzdem. Deine Dualseele sagt gemeine Dinge zu dir? Du liebst sie trotzdem. Deine Dualseele entscheidet sich nicht für dich und ist in einer Beziehung mit jemand anderem? Du liebst sie trotzdem. **Die bedingungslose Liebe ist der beste Freund von Mitgefühl.**

Einmal hat eine unserer Schülerinnen ihre Dualseele mit in die Klasse der Twin Flame Ascension School gebracht. Sie war unsere Schülerin und er war kürzlich vor deren Einheit davongelaufen. Wir fragten sie, ob sie ihn bedingungslos lieben würde, wenn er freundlich zu ihr ist. Selbstverständlich war ihre Antwort ein einfaches „Ja". Dann fragten wir sie, ob sie ihn bedingungslos lieben würde, wenn ihre Romanze großartig läuft. Natürlich sagte sie „Ja". Dann stellten wir ihr eine weitaus schwierigere Frage. Wir fragten: „Was wäre, wenn er wieder davonläuft und zu seiner falschen Frau zurückgeht? Wirst du ihn dann bedingungslos lieben?"

Sie fühlte sich überfragt und sprachlos. Nur wenige Menschen denken jemals daran, jemanden zu lieben, wenn dieser jemand sich in dem Moment noch nicht für sie entschieden hat. Bedingungslose Liebe bedeutet wortwörtlich genau das. Du liebst jemanden vollkommen und zweifelsfrei, ohne Bedingungen, egal was ist.

Was geschah kurz nach dieser Klasse? Sie fielen zurück in einen Zustand der Trennung und sie war sehr verärgert. Wir erinnerten sie an die Lektion, die wir ihr in genau dieser Klasse vermittelt hatten und sie wendete es ganz eifrig an. Sie liebte ihn bedingungslos und hatte Mitgefühl für ihn, als er durch sein Ärgernis und seine Trennung hindurchging. Sie gab ihm Raum. Sie zog ihre Liebe nicht von ihm zurück, auch wenn er eine strikte Kommunikationsgrenze gezogen hatte, so dass es keine Möglichkeit für Kontakt zwischen ihnen gab.

Kurze Zeit später kam er mit einem Herzen voller Liebe zurück und viele Ärgernisse waren beseitigt. Ihre bedingungslose Liebe war ein kraftvoller Beweis für die außergewöhnliche, spirituelle Wissenschaft, die wir in unserer Arbeit lehren. Es funktioniert jedes Mal, für jeden Menschen, überall. Es ist normal, es ist natürlich und es wird in vollem Maße für dich funktionieren, wenn du das, was wir dich lehren, vollkommen und gänzlich in deinem Leben praktizierst.

Vergebung

Wenn du dir wünschst, ein dauerhaftes Fundament für deine Perfekte Einheit zu entwickeln, wirst du Vergebung meistern müssen. Vergebung bedeutet *„vollständig loszulassen"*. Wenn du vollständig ein vorheriges Ärgernis mit deiner Dualseele loslassen kannst, befreist du nicht sie, sondern du befreist einzig dich selbst. Wenn du dich dafür entscheidest, gegen jemanden einen Groll zu hegen, verletzt du nicht ihn, sondern du verletzt einzig dich selbst. Viele versuchen oder haben versucht zu beweisen, dass dies eine Lüge ist, aber eine Lüge ist eine Lüge und die Illusion loszulassen, dass Groll zu hegen dich nicht verletzt, wird wieder und wieder beweisen, dass es das tut.

Wir sehen so viele Dualseelenpaare, die wie ein Paar zankender Enten aussehen, die am Groll scheinbar schon seit Jahrhunderten festhalten. Wir sehen sie, die Arme wütend und energisch verschränkt, sie schauen einander nicht an und beide erwarten, dass der andere bemerkt, wie verärgert sie sind und sich daraufhin für sie ändert. Dies ist eine so alberne und irrsinnige Art, deine Dualseeleneinheit anzugehen. Wenn du von ihr erwartest, sich zu ändern, sich zu entschuldigen oder irgendetwas für dich zu tun, damit du dein Ärgernis loslässt, bist du absolut irrsinnig in deiner Erwartung. Denke daran, *deine Dualseele ist <u>wortwörtlich du.</u>*

Vielleicht führte dein Groll dazu, dass die andere Person aus deinen früheren romantischen Beziehungen vor Liebe ausgehungert wurde, so sehr, dass der Schmerz sie schockiert hat und ihr bewusst wurde, dass sie sich gerne deinem Druckmittel beugen würde, aber das funktioniert in deiner Dualseeleneinheit nicht. Dein Groll wird nur DICH in Trennungsbewusstsein ertränken.

Wenn du dies verstehst, kannst du die Belanglosigkeit von Groll überwinden und den Bereich wahrer Vergebung erreichen. Dieser transzendentale Zustand ist leicht mit einer simplen Entscheidung zu erreichen, der du an allen Tagen deines ewigen Lebens treu bleibst. Hier ist eine einfache Affirmation für dich. Sprich es einmal aus der Mitte deines Herzens aus und entscheide dich dafür, wann immer es sich für dich ergibt.

„Ich entscheide mich dafür, alle Ärgernisse der Vergangenheit, Gegenwart und Zukunft, wann immer sie auftauchen, zu vergeben. Vergebung kommt leicht, freudig und auf natürliche Weise zu mir, weil Vergebung ein Teil dessen ist, was ich bin, und Vergebung auf einen anderen auszudehnen, dehnt Vergebung auf natürliche Weise in mir selbst aus."

Dieses bedingungslose Loslassen von Groll ist wahre Vergebung. Bedingungslose Vergebung ist das, was du wirklich meistern willst, um über eine vollständige Meisterschaft eines stabilen, dauerhaften Fundaments für deine Einheit zu verfügen. Keine Sorge, wenn es aussieht, als wäre es viel auf einmal aufzunehmen.

Wenn du zum ersten Mal dieses Buch liest, lies es, wenn du willst, in einem entspannten Tempo weiter durch und du kannst immer zurückgehen und es Aussage für Aussage studieren und wirklich tief über jeden Gedanken hier meditieren. Du hast eine Ewigkeit, um diese Informationen zu meistern und während es dir nicht dient, Entscheidungen in die Länge zu ziehen, dient es dir, dir die Zeit zu nehmen und alles vollständig zu integrieren, das wir in unserem Gesamtwerk lehren. Denn es wird dir an allen Tagen deines ewigen Lebens dienen.

Vergebung bedeutet etwas loszulassen.

In dem Buch Ein Kurs in Wundern von der Foundation for Inner Peace heißt es: „Die Vergebung nimmt wahr, dass das, wovon du dachtest, dein Bruder habe es dir angetan, nicht geschehen ist. Sie verzeiht keine Sünden und macht sie nicht wirklich. Sie sieht, dass es keine Sünde gab. *Und in dieser Sicht sind alle deine Sünden dir vergeben.* Was ist Sünde außer einer falschen Idee über Gottes [Kind]? Die Vergebung sieht einfach ihre Falschheit und lässt sie deshalb los. Was dann frei ist, ihren Platz einzunehmen, das ist der Wille Gottes." (Ein Kurs in Wundern, Übungsbuch Lektion 220, Teil II, „1. Was ist Vergebung?", 1.).

Erlerne bedingungslose Vergebung und du wirst in diesem Moment ewig in das Reich Gottes befördert werden, ein Ort, an dem du vollständig mit dem Wohl, das entsteht, präsent sein kannst, vor allem zwischen dir und deiner geliebten Dualseele, weil du vom Urteil über dich selbst und von deiner Dualseele befreit bist.

Respekt

Respekt bedeutet, *dass du die Entscheidungen deiner Dualseele, von dir selbst und anderen **würdigst**.* Es bedeutet auch, dass du die Entscheidungen Gottes in deinem Leben, durch deine Lebensumstände, respektierst.

Wenn du das, was du erlebst, nicht respektierst, wirst du dich nicht hindurchbewegen können auf die nächste Ebene. Wenn du furchtbar schmerzhafte Trennung erlebst, kannst du dieses Erleben nicht vermeiden. Du kannst das Leben nicht verspotten oder versuchen, mit ihm zu verhandeln, um es dazu zu bringen, dein Erleben zu ändern. Du musst anerkennen, was du erlebst, indem du respektierst, dass du es so erlebst, wie es ist. Nur von diesem Ort aus kannst du weiter hindurchgehen. Das ist es, was dir deine Kraft gibt, um deine Realität zu verändern.

Wenn du hingegen sehr viel Liebe, Erfolg und Freude erlebst, wirst du dies auch respektieren müssen. Stell dir vor, deine Dualseele ist einfach verknallt in dich. Stell dir vor, ihr habt eine absolut unglaubliche Zeit zusammen und ein liebevolles Leben gemeinsam. Du musst aufrichtig respektieren, dass dies dein Erleben ist. Wenn du bekümmert und ängstlich, verärgert und kontrollierend wirst, in der Hoffnung, dieses Erleben fortzusetzen, kannst du es von all seiner wunderbaren Liebe und seinem wunderbaren Leben ersticken und dadurch tatsächlich die Angst in dir erzeugen.

Kontrolle dient dir nicht, weil Kontrolle keine wahre Macht besitzt, nur die Illusion dessen. Sie hat dir niemals gedient. Sie wird dir niemals dienen. Deine Kontrolle behauptet, dass sie dir Gewissheit, Stabilität, Geborgenheit, Sicherheit und Macht verschaffen wird. Sie tut es nie, niemals. Sie führt immer nur zu Verlust von dem, was du dir wirklich wünschst. Du erlebst es vielleicht, die Kontrolle zu haben und fühlst dich gut dabei, aber du wirst aufgrund dessen ebenso einen heftigen Rückschlag erleben und verstärkte Trennung von deinem Göttlichen Wohl. Kontrolle lohnt sich niemals, niemals, niemals. Gib dich einfach hin und respektiere dein Erleben authentisch und ehrlich wie es wirklich ist.

Wenn du die Entscheidungen deiner Dualseele nicht respektierst, liebst du sie nicht bedingungslos. Du hast außerdem kein Mitgefühl für sie. Achte darauf, dass du die Wahrheit in ihr respektierst und nicht die Lügen. Wenn sie dir zum Beispiel eines Tages erzählt, dass sie dich nicht liebt und nichts mit dir zu tun haben will, respektiere, dass sie durchaus dieses Erlebnis hat. Du kannst die Spiegelübung durchführen, wenn das, was sie sagt, dich in irgendeiner Weise verärgert, und weitergehen, während du nach wie vor ihr Erleben respektierst. Sie teilte dir mit, dass sie erlebt, dich nicht zu lieben. Akzeptiere dies als ihr Erlebnis, *aber du musst dies nicht als deines akzeptieren.* Erkenne die Wahrheit dieser Situation und überwinde die Lüge und Illusion, indem du dich stattdessen für Liebe entscheidest. Indem du ihr Erleben respektiert hast, bist du nun auf dem Weg, ihr zu helfen, es zu überwinden.

Mit deiner Dualseeleneinheit und deinem Verständnis dieser acht wesentlichen Grundlagen des Fundaments deiner Harmonischen Einheit: Ehrlichkeit, Vertrauen, Verpflichtung, Beharrlichkeit, Mitgefühl, Bedingungslose Liebe, Vergebung und Respekt, wirst du wahrlich eine unaufhaltsame Einheit für den Rest deines freudvollen, glücklichen und romantischen, ewigen Lebens haben.

Kapitel 7

Deine Dualseeleneinheit: Berufung (Lebenszweck)

Ein Zweck ist ein zugrundeliegender motivierender Grund, aus dem man alles tut. Einen Zweck zu haben bedeutet, dass du mit Tatendrang erfüllt bist, um etwas zu erreichen, zu erschaffen, zu tun und zum Ausdruck zu bringen. Einen Zweck mit deiner Dualseele in der Harmonischen Einheit zu haben, bedeutet, dass ihr einheitliche Visionen teilt, einheitliche Ziele und einheitliche Bedürfnisse, die unweigerlich zu einheitlichen Handlungen führen. Gemeinsam wählt ihr eure zugrundeliegenden, motivierenden Faktoren, ihr richtet eure Werte aufeinander aus und ihr bringt alles hervor, das ihr beide seid. Ihr werdet zu etwas Größerem, als ihr vorher wart, und ihr nutzt es, um mehr zu erschaffen, auszudrücken, zu tun und zu sein, als ihr jemals könntet und vielleicht mehr, als ihr jemals für möglich gehalten habt.

Bei Dualseelen geht es nicht nur darum, eine echt heiße Braut zum Knutschen und Lieben zu haben, während du zu Hause bist. Bei Dualseelen geht es darum, jemanden zu haben, auf den du dein Leben in allen Bereichen absolut ausrichten kannst, weil es euer natürliches Design ist. Es geht bei ihnen darum, deinen perfekten Teamgefährten im Leben zu haben, egal ob es ums Aufziehen einer Familie, der Mitgestaltung eines Unternehmens oder ums Bilden eines speziellen, gemeinsamen Lebensstils geht und/oder all das Genannte. Mit einer Dualseele geht es darum, einen Mitabenteurer im Leben zu haben mit der einen anderen Person, die dasselbe will wie du und es bedeutet, dass ihr damit beginnt, einen gemeinsamen Zweck zu gestalten und zu teilen. Es ist so viel mehr, als nur einen Geliebten zu haben; eine Dualseele ist dein ewiger Lebenspartner in der Schöpfung!

Eure Lebenswege vereinen

Das Erste, das du tun willst, wenn du deiner Dualseele begegnest und deine Harmonische Einheit erreichst, ist, damit zu beginnen, eure Leben gemeinsam perfekt aufeinander abzustimmen und auszurichten. Ihr müsst eure Leben nicht vereinen, wenn ihr euch zum ersten Mal begegnet, aber es ist so viel köstlicher, erfüllender und inniger, wenn ihr euch dafür entscheidet. Wenn du dir wirklich wünschst, dein volles Dualseelenerlebnis zu erschaffen, wirst du dir wünschen, jeden Aspekt von euch miteinander in Einklang zu bringen, weil ihr ALLES von euch in Einklang bringt. Ihr beide müsst eure Lebensvisionen und Werte aufeinander ausrichten und sicherstellen, dass ihr gemeinsam als Eins harmoniert. Ihr müsst nicht verheiratet sein, um das zu tun, aber ihr müsst euch ehrlich darüber austauschen, was ihr euch jeweils wünscht, und wie ihr euch jeweils fühlt.

Wenn ihr tatsächlich Konflikt erlebt, seid gewiss, dass es nur ein Missverständnis ist, basierend auf einer Blockade, die einer von euch oder ihr beide habt. In spiritueller Wahrheit stehen Dualseelen im Kern nie wirklich in Konflikt, so weißt du also, dass es immer nur ein Missverständnis, basierend auf einer auftretenden Blockade, ist.

Wenn du und deine Dualseele euch über alle eure Wünsche, Werte und Lebensvisionen und die Entscheidung, sie in Einklang zu bringen, ausgetauscht habt, werdet ihr größtenteils im Einklang sein. Selbst wenn es einige gravierende Differenzen gibt, wird die Zerrissenheit mit der Zeit verschwinden und die Übereinstimmung, die ihr teilt, wird überall vorrangig sein. Shaleia und ich verbrachten die ersten paar Monate unserer Begegnungsphase damit, gemeinsame Google Drive Dokumente zu erstellen, die alle Aspekte unseres perfekten Zuhauses und gemeinsamen Lebens detailliert beschrieben.

Anschließend richteten wir unsere Aufmerksamkeit auf unser Lebenswerk. Glücklicherweise manifestieren sich Dualseelen in perfekter Übereinstimmung in jedem Aspekt des Lebens, und die Karriere ist keine Ausnahme. Das bedeutet nicht, dass ihr beide immer genau dasselbe tun wollt, aber es bedeutet, dass was jeder von euch wählt, den anderen ergänzen wird. Am Anfang unserer Beziehung telefonierten Shaleia und ich eines Abends, als sie ihre Vision für ihr Lebenswerk zum Ausdruck brachte. Sie war immer davon ausgegangen, dass sie und ihr Traummann getrennt voneinander arbeiten und am Ende des Tages zueinander heimkehren würden. Tatsächlich ist sie nie einem Mann begegnet, der energetisch und spirituell mit ihr zusammenpassen könnte.

Sie fuhr fort, mir alle Aspekte der Karriere zu beschreiben, die sie sich vorstellte, vom Sprechen auf der Bühne, über das Schreiben von Büchern, bis hin zur Durchführung von Workshops usw. Ich erzählte ihr aufrichtig, dass ich mich genau dieselben Dinge tun sah, auch wenn ich mich noch nicht völlig für diesen Weg entschieden hatte. Es dauerte noch viele Monate, fast ein Jahr, seitdem wir das erste Mal miteinander gesprochen hatten, bis wir uns beide hinsetzten und uns schließlich zu unserer gemeinsamen Karriere verpflichteten, aber es kam durch ehrliche Kommunikation und aufeinander abgestimmte Werte und Wünsche zustande. Wir sind Dualseelen und wir werden uns immer dieselben Dinge wünschen, aber wir werden uns nicht immer genau darüber klar sein, was wir uns wünschen. Wenn sich einer klar wird, tut es der andere auch, weil die Entscheidung, Klarheit zu haben, eine Kernentscheidung ist und deine Dualseele direkt beeinflusst.

Dualseelenklarheit

Dir über deine Wünsche klar zu werden, ist eines der wichtigsten Dinge, die du in deiner Einheit und in deinem Leben tun kannst. Wenn du dir über deine Wünsche klar wirst, kannst du gewisse Entscheidungen treffen und ihnen bezüglich handeln. Ich wünschte mir immer meinen Ultimativen Geliebten, aber es hat lange gedauert und ich musste eine Menge Kontrast erleben, bevor ich mich dafür entschied, meine Dualseele zu haben. Ich würde vor nichts Halt machen, um mein perfektes Liebesleben zu kreieren. Mich darauf zu konzentrieren, was ich mir in meinem Liebesleben wünschte, hat mich erfolgreich dazu gebracht, meine Dualseele in

Harmonischer Einheit anzuziehen. Eine klare Entscheidung zu treffen, ist bei jeder Manifestation notwendig, ansonsten schwächst du die Ergebnisse dessen, was du manifestierst, und wischiwaschi in deinen Absichten zu sein, wird zu Wischiwaschi-Ergebnissen führen.

Dir über deine Wünsche für dein Liebesleben klar zu werden, beginnt den Prozess, das anzuziehen, worum du konkret bittest, und es kann eine Reise und ein Abenteuer ganz für sich sein. Du musst nicht klar beginnen, um klar zu werden. Shaleia und ich hatten vor unserem Treffen eifrig, jeder für sich, gearbeitet, um uns darüber klar zu werden, was wir in unserem Liebesleben erleben wollten. Unsere heutige Kultur erlebt viele junge Menschen, die reisen, erforschen, ihre Jobs wechseln, ihr Berufsleben verändern, ihre Partner wechseln und in andere Städte ziehen, um sich darüber klar zu werden, was sie sich wünschen. Viele junge Menschen haben noch nicht genau herausgefunden, was sie sich in ihrem Leben wünschen, deshalb müssen sie erforschen und Kontrast erleben, um Klarheit zu gewinnen. Diese Klarheit ist es, die den Erfolg und die Energie bringt, die so viele Menschen in der Gesellschaft bewundern. Diese Klarheit ist es, die jegliche Art von Spezifität überhaupt erst ermöglicht.

Wenn du Klarheit erreichst, ist es einfach für dich, eine Entscheidung zu treffen, um deine Energie einzusetzen und vorwärts zu gehen. Solange du keine Klarheit erreicht hast, kannst du dich nicht für einen angemessenen Zeitraum voll und ganz auf etwas festlegen. Klarheit ist das, was uns mit absoluter Sicherheit wissen lässt, dass wir vorwärts gehen und andere Möglichkeiten loslassen können. Klarheit ist das, was mir ermöglichte, mich Shaleia in diesen ersten paar Monaten mit absoluter Sicherheit zu verpflichten. Ich wusste, dass ich mir wünschte, den Rest meines Lebens mit meiner Ultimativen Geliebten zu verbringen und ich wusste, dass sie sich noch nicht als meine Ultimative Geliebte enthüllt hatte. Ich war mir noch nicht klar darüber, ob ich sie verlassen könnte, auch wenn ich mir noch nicht klar darüber war, ob ich mein ganzes Leben bei ihr bleiben könnte. Ich war mir klar genug, um die Entscheidung zu treffen, bei ihr zu bleiben, bis ich herausfand, ob sie meine Dualseele, meine Ultimative Geliebte war oder nicht. Ich würde keine andere Frau haben, bis ich die Entscheidung getroffen hätte, meinen Gefühlen bis zum Ende zu folgen. Ich folge immer noch meinen Gefühlen und das werde ich auch weiterhin jeden Moment meines Lebens in meiner Einheit tun.

Also wie bekommen wir Klarheit? Wir erforschen uns selbst und Situationen, und erleben Kontrast. Du benötigst keine Klarheit über deine Berufung, um mit deiner Dualseele zusammen zu sein. Bevor ich Shaleia begegnete, war mein Leben mit Sinn erfüllt, aber nichts davon konnte letztendlich mit dem mithalten, was wir gemeinsam entschieden, als wir unsere Dualseelenbestimmung zusammen ausrichteten. *Was uns zusammen Klarheit über unsere Dualseelenbestimmung brachte, war unser gemeinsames Erforschen unserer Wünsche.*

Zu unserem Glück hatten wir uns beide genug persönlich erforscht, um uns relativ klar darüber zu werden, was wir als Individuen wollten. Eine Sache, die uns wirklich half, uns gemeinsam klar zu werden, waren Gespräche. Wir wurden uns gemeinsam sehr klar, indem wir unsere Wünsche besprachen, sie uns zusammen vorstellten, mit dieser Vorstellung für einige Zeit dasaßen und anschließend das Gespräch weiterentwickelten.

Wir stellten uns vor, fünf Kinder zusammen zu haben. Nach monatelangen Gesprächen und Visualisierungen entschieden wir beide, dass wir im Grunde nur ein Kind wollten. Wir wurden uns über unsere Entscheidung klar, nur ein Kind zu haben, indem wir in unserer Vorstellung alle anderen Optionen durchgingen, die uns interessierten. Vor dem Erforschen dachte ich, dass ich mir eine große Familie wünschen würde, aber nach der gemeinsamen Reflexion mit meiner Dualseele, entschieden wir beide, dass eine kleinere Ein-Kind-Familie besser zu unserer gewünschten Lebensweise und dem, wer wir im Innern tatsächlich sind, passen würde. Ohne innere Erforschung und Reflexion ist es sehr schwierig, Klarheit zu bekommen. Ohne Klarheit ist es schwer, solide Entscheidungen zu treffen, denen du dich jemals verpflichten kannst.

Um euren gemeinsamen Zweck herauszufinden, müsst ihr ihn zusammen auf Grundlage gemeinsamer Entscheidungen kreieren. Wenn ihr Klarheit vom Erforschen erhaltet, wird es leicht, gemeinsame Entscheidungen zu treffen. Erforschen kann so viel Spaß machen und kann Teil des weitreichenden und wundervollen Abenteuers sein, das ihr beide in eurem Leben genießt. Wenn die Zeit für euch beide kommt, um euch für euren gemeinsamen Zweck zu entscheiden, wird es Spaß machen und es wird leicht und selbstverständlich sein.

Kapitel 8

Was ist der Unterschied zwischen Seelenverwandten und Dualseelen?

Wenn du über Dualseelen lernst und selbst die spirituelle Reise antrittst, kann es leicht zu Verwechslungen zwischen einem Seelenverwandten und deiner Dualseele kommen. Beide Energien können sich so gut und ähnlich anfühlen, wenn man sich der eindeutigen Unterschiede nicht bewusst ist. Es ist wichtig, diese Unterschiede zu verstehen, um das Bewusstsein zu haben, geeignete Entscheidungen für dich in deinem Liebesleben zu treffen. Vielleicht würdest du einen Seelenverwandten bevorzugen, nachdem du von den Herausforderungen der Ärgernisphase in der Dualseeleneinheit erfahren hast. Vielleicht möchtest du dich nicht mit einem Seelenverwandten zufrieden geben, nachdem du von den herrlichen und wundervollen Erlebnissen erfahren hast, die nur Dualseelen zusammen haben können. Wie auch immer du dich entscheidest, du weißt, dass die Kraft deiner Entscheidung mächtig ist.

Gott ist es, wohin ich mich als Erstes wende, wann immer ich eine Frage zu etwas habe. Ich habe Gottes Antwort zu der Frage: *„Was ist der Unterschied zwischen Seelenverwandten und Dualseelen?"* gechannelt. Dann nehme ich Gottes gechannelte Botschaften und vergleiche sie mit meinen eigenen Einsichten und Erfahrungen, für den Fall, dass ich etwas übersehen oder nicht richtig verstanden habe. Ich frage Gott auch, ob ich vollständig verstehe, was mir präsentiert wird. Dies hilft mir, perfekte Informationen zu gewährleisten, um einen perfekten Entwicklungsverlauf meiner Lebensreise zu ermöglichen.

Der Unterschied zwischen Seelenverwandten und Dualseelen (gechannelt)

Seelenverwandte und Dualseelen sind *sehr unterschiedliche* Dinge und nichts, was du miteinander vergleichen solltest. Heutzutage benutzen viele Menschen diese austauschbaren Begriffe, um eine sehr bedeutungsvolle und tiefsinnige Beziehung zu beschreiben, aber dies sind zwei völlig unterschiedliche Konzepte.

Beziehungen mit Seelenverwandten sind nicht dazu bestimmt, innige romantische Beziehungen zu sein. Ein Seelenverwandter kann dein Kind, Elternteil, enger Freund, Trainer, Lehrer oder ein besonderer Freund sein. Seelenverwandte sind nicht dazu bestimmt, für immer in deinem ewigen Leben zu sein. Sie sind einzigartige Brüder und Schwestern in Gott, die *zu einer bestimmten Zeit auf deiner ewigen Lebensreise eng mit dir harmonieren*. Früher oder später werden nahezu alle Seelenverwandten von dir gehen, und neue Seelenverwandte werden ihren Platz einnehmen.

Du wirst nicht immer die gleichen Entscheidungen treffen wie die Menschen in deinem Umfeld, und daher werdet ihr eventuell nicht länger harmonieren und eure eigenen Wege in eurer ewigen Existenz gehen.

Was ist der Unterschied zwischen Seelenverwandten und Dualseelen?

Manchmal verwechseln Menschen einen Seelenverwandten mit jemanden, mit dem sie eine Liebesbeziehung haben. Vielleicht war er dein Ehepartner in einem früheren Leben oder dein Ehepartner für viele, viele vergangene Leben. Das ist okay, aber es bedeutet nicht, dass er erschaffen wurde, um dein Ehepartner zu *sein*. **Er ist nur ein Platzhalter für deinen ewigen Ehepartner**, deine Dualseele.

Wir hatten eine Schülerin, die zu uns kam, die eine dieser sogenannten „ganz besonderen" Seelenverwandtenbeziehungen hatte. Sie war seit mehreren vorherigen Leben mit einem Seelenverwandten verheiratet und es schien wie eine sehr beständige, vertraute und mühelose Beziehung. Shaleia benutzte ein effektives Werkzeug, das sie entwickelte, das sogenannte *Romance Analysis Multi-Reading*, um diese Seelenverwandtenbeziehung einzuschätzen; und die Romantik war dünn wie Papier, genau genommen war es eine komplette Illusion. Es funktionierte nur deshalb „gut", weil beide Angst davor hatten, mit ihrer eigenen Dualseele zusammen zu sein. Sobald die Angst sich aber durch ihre kraftvolle, kristallklare Entscheidung, nur mit ihrer wahren Dualseele zusammen zu sein, auflöste, so tat es auch ihre falsche Romanze.

Shaleia überprüfte anschließend die Dualseeleneinheit derselben Klientin mithilfe ihres *Romance Analysis Multi-Readings*, und die Romantik war ungemein tiefgründig. Die Schülerin ließ unverzüglich die Seelenverwandtenbeziehung ganz und gar los, die die Begegnung mit ihrer Dualseele blockierte, und ihre Dualseele tauchte nahezu sofort auf. Sie ist sehr *viel* zufriedener mit ihrer Dualseele als mit ihrem besonderen Seelenverwandten.

Nur wenige Menschen haben einen Seelenverwandten wie diesen, aber jeder hat eine Dualseele. Seelenverwandte sind eine vorübergehende Illusion der Romantik, die letztlich nicht langfristig bestehen bleibt und nur wenige Menschen erfahren. Seelenverwandte sind nicht die beste oder empfehlenswerte Romanze, die du haben kannst, weil sie nicht dein vorgesehener Ultimativer Geliebter, deine Perfekte Göttliche Ergänzung, deine Dualseele sind.

Dualseelen sind Göttliche Gegenstücke zu einem größeren Seelenbauplan. Dualseelen sind jeder für sich genommen ganz, aber in jeder Hinsicht vollkommen miteinander verbunden. Dualseelen erscheinen normalerweise paarweise, aber Gott kann sich dafür entscheiden, weitere zu erschaffen, einschließlich bis zu sieben Dualseelen in einer Einheit. Gott erschafft nicht mehr als sieben. Er sagt uns, dass es über sieben hinaus keinen Spaß macht.

Eine Dualseele stammt von der Großen Zentralen Sonne (Gott) ab. Die Große Zentrale Sonne weitet ihre Strahlen aus (Dualseeleneinheiten), und diese Strahlen bündeln sich in einer Flamme. Somit trennen sich zwei oder mehrere Flammen von einem Strahl ab.

Wenn Dualseelen sich vom Trennungsbewusstsein selbst wiederherstellen, um einen vollständigen Strahl zu bilden, wird eine *viel tiefere* Liebe erfahren. Die Energie, die durch und zwischen diesen Seelen ausgedrückt werden kann, ist gewaltig. Alles, was sie zusammen in ihren Leben erleben, ist verstärkt. Liebe, Schmerz, Emotion, Begeisterung, Angst, alle Ausdrucksformen und Erfahrungen sind im Leben von vereinten Dualseelen verstärkt.

Deshalb kann es anfangs so schwierig für Dualseelen sein, zusammen zu sein. Wenn sie selbst nicht genug von ihrem Trennungsbewusstsein geheilt haben, um individuell ausgeglichen zu sein, verstärkt das Hinzuziehen ihrer Dualseele das Ärgernis, das sie ohnehin schon erfahren. Einige Dualseelen erleben enormes, schnelles Wachstum und gewaltige Aufruhr und Ärgernisse. Andere Dualseelen verspüren möglicherweise gigantische Liebe und Frieden. Es hängt alles davon ab, wo du dich gerade in dir selbst befindest, wenn du deiner Dualseele begegnest.

Führe einfach die Spiegelübung durch, um dein Trennungsbewusstsein und deine Trennungsentscheidungen zu beseitigen, und du wirst mit deiner Dualseele unvermeidlich die gigantische Liebe deines ewigen Lebens erleben.

Kapitel 9

Dualseelen:
Göttlich Weibliche und Göttlich Männliche Ergänzungen

Es gibt zwei Polaritäten bei Dualseelen, und du bist entweder die eine oder die andere. Du bist entweder 100 Prozent männlich in deinem Kern oder du bist 100 Prozent weiblich in deinem Kern. Diese beiden Energien sind statisch, da sie ab dem Zeitpunkt deiner Erschaffung für alle Ewigkeit als diese Polarität bestehen bleiben.

Dualseelenpaare sind immer eine männliche und eine weibliche Polarität, es gibt keine Ausnahme. Gott hat uns so erschaffen, weil Gott beides ist, männlich und weiblich, und weil die Vereinigung dieser beiden Energien *so* köstlich ist.

Die männliche Energie ist eine gebende, eindringende Energie. Er drückt sich aus seinem Innern heraus in das Weibliche aus. Er wünscht es, sich selbst liebevoll in allem auszudrücken, auf das er seine Aufmerksamkeit richtet. Das Männliche ist eine wunderschöne Ergänzung zum Weiblichen.

Die weibliche Energie ist eine empfangende, in reichem Maße überfließende Energie. Sie wünscht es, das Männliche zu empfangen und ermutigt das Männliche mehr zu geben. Je mehr das

Männliche gibt, desto mehr fließt sie in ihn über und energetisiert ihn damit. Diese beiden Energien sind zusammen unglaublich köstlich und extrem kraftvoll. Sie unterstützen und ermutigen einander ungemein.

Wenn das Männliche Blockaden zum Lieben hat, kann die Ermutigung des Weiblichen ihm helfen, zu einem Ort zurückzukehren, an dem Liebe wieder gegeben wird. Wenn das Weibliche Blockaden zum Lieben hat, kann das Männliche ihr helfen, diese Blockaden durch seine Liebe zu entfernen. Die Vereinigung ist ein göttliches Wunder und eine zutiefst wunderschöne Kreation Gottes.

Eine der Möglichkeiten, mit der du herausfinden kannst, ob du die Göttlich Weibliche oder die Göttlich Männliche Dualseele bist, besteht in dem Verständnis, wie du am besten mit der Welt in Beziehung trittst. Beziehst du dich durch Weiblichkeit? Oder durch Männlichkeit? Du kannst auch zu derselben Antwort kommen, indem du verstehst, wie du Sex haben möchtest. Gefällt es dir, Sex zu *empfangen* (weiblich)? Oder möchtest du Sex *geben* (männlich)? Es spielt keine Rolle, wie dein Liebemachen im Außen aussieht, weil es gar nicht um die sexuelle Technik geht, sondern vielmehr wie du Sex in den inneren Ebenen deines Bewusstseins und Seins empfindest und erlebst.

Bestehen alle Dualseelenpaare aus Mann und Frau? Auf der Erde natürlich nicht! Heutzutage gibt es viele LGBTQ+-Menschen auf dem Planeten, die mit ihrer gleichgeschlechtlichen oder anderweitig geschlechtsidentifizierten Dualseele zusammen sind. Nur weil ein bestimmtes Geschlecht jemanden kennzeichnet, bedeutet es nicht, dass dies die Wahrheit seines Wesens ist. Nur weil jemand in einem männlichen oder weiblichen Körper geboren ist, bedeutet nicht, dass dies auch die Wahrheit seines Wesens ist.

Verbringe ein wenig Zeit damit, über Menschen zu recherchieren und du wirst herausfinden, dass es so viele Menschen in männlichen Körpern gibt, die sich als Frauen bezeichnen, obwohl sie männliche Genitalien besitzen. Es gibt so viele Menschen in weiblichen Körpern, die sich als Männer bezeichnen, obwohl sie weibliche Genitalien haben.

Dies liegt an einer Verwirrung bei der Identifikation. Alle LGBTQ+-Menschen, die diese Phänomene der Geschlechtsidentifikation erfahren, erleben verschiedene Grade derselben inneren Verwirrung. Viele dieser Menschen machen diese Erfahrung und doch leisten sie fantastische Arbeit dabei, zu entdecken, wer sie wirklich im Innern sind und dies zum Ausdruck zu bringen.

Es ist wichtig sich daran zu erinnern, dass es nur zwei Polaritäten gibt, und so wird sich letztlich jeder mit der Wahrheit seines Seins identifizieren. Sie sind entweder männlich oder weiblich. Letztlich gibt es nur zwei verschiedene Arten von geeigneten Körpern, in denen jeder Mensch seine göttliche Wahrheit erfahren kann: Mann und Frau. Das liegt daran, dass der physische Körper nicht bloß ein Gefäß ist, in das eine Seele einfach „zufällig" platziert wird, sondern diese besonders, auf intelligente Weise und mit Absicht konzipierten physischen Erdenkörper werden so erschaffen, um den wahren und authentischen Ausdruck, wer du wirklich im Innern bist, zu würdigen und auszudehnen, entweder als die Göttlich Männliche Dualseele oder die Göttlich Weibliche Dualseele. Aber nur weil du eine weibliche Energie in einem männlichen Körper bist, heißt nicht, dass du sofort eine chirurgische Korrektur für deine Erfahrung anstreben musst. Es ist *essenziell* für dich, dich selbst liebevoll anzunehmen, wo du gerade stehst und deine Dualseele liebevoll anzunehmen, wo sie gerade steht.

In Göttlicher Wahrheit kannst du deinen Körper leicht in denjenigen verwandeln, der sich am geeignetsten auf deine Polarität ausrichtet. Unsere Körper bestehen größtenteils aus Wasser. Wasser kann fließen und sich leicht verändern. Rufe dir dies jedes Mal in Erinnerung, wenn du verärgert über deinen Körper bist. Dein Körper ist eine *Erweiterung* deines Seins. Er ist nicht dein Sein, er ist eine Erweiterung deines Seins. Irgendwo auf dem Weg hast du Entscheidungen getroffen, deinen Körper in etwas anderes als deine ursprüngliche Schöpfung zu verwandeln. Hauptsächlich hast du das getan, weil du dachtest, dass es Spaß machen könnte, diese Vorstellung zu erleben und so viele andere schienen auch eine tolle Zeit beim Erforschen dieser Vorstellung zu haben.

Wenn du jedoch eine männliche Energie bist, die sich selbst als eine männliche Energie ausdrückt, wird sich dieser Ausdruck letztlich am *köstlichsten* für dich anfühlen. Es ist ein Gedanke der Trennung, dass du mehr Spaß haben könntest, dich auf eine Art und Weise auszudrücken, für die Gott dich nicht erschaffen hat.

Denke immer daran, egal was du möglicherweise gerade erlebst, ist absolut in Ordnung. Wie auch immer du dich bezeichnest, ist absolut in Ordnung und es gibt keinen Druck, sich in irgendeiner

Weise zu verändern. Wenn es irgendetwas gibt, was unser weltweites Bewusstsein derzeit hoffentlich durch die LGBTQ+-Bewegung gelernt hat, dann ist es bedingungslose Akzeptanz und Respekt für sich und andere, egal wofür sie sich entscheiden.

Wir erwarten von dir in keiner Weise, dass du dich veränderst, aber wir finden es wichtig, die sehr einfache Wahrheit deines Seins klar zu übermitteln. Dies ist kein Buch, um herauszufinden, welche Polarität du auf einer tieferen Ebene bist, untersuche jedoch dein Herz und deine Erfahrungen, wenn du dir unsicher bist. Du kannst erforschen und experimentieren, neue Dinge versuchen und herausfinden, wer du im Innern wirklich bist.

Letzten Endes ist es egal, was alle anderen denken, sagen, tun oder wählen, du musst zufrieden und glücklich mit dir selbst sein. Du musst dich gut mit dir und deinen Entscheidungen fühlen und niemand sonst hat irgendein Mitspracherecht dabei. Letztendlich bist du es und du allein, mit dem du für alle Ewigkeit zusammen sein musst; und die Gedanken, Entscheidungen und Worte von anderen brauchen überhaupt keinen Einfluss darauf zu haben, wie du deine Beziehung zu und mit dir selbst handhabst.

Strebe jedenfalls immer danach, dein Wahres Selbst im Innern zu ehren, und du wirst immer vollkommenen Frieden, Freude, Zufriedenheit und Selbstakzeptanz bis in alle Ewigkeit empfinden. Indem du dich selbst ehrst, wird es dir am leichtesten fallen, mit deiner Dualseele zusammen zu sein. Indem du dich selbst vollkommen akzeptierst und dich dafür liebst, wo du gerade bist, wirst du uneingeschränkte Freude, Frieden und Akzeptanz von deiner

Dualseele und eurer Einheit vorfinden. Entscheide dich dafür, dich selbst vollkommen zu ehren, und dort wirst du immer Liebe finden.

Kapitel 10

Colby und Keelys Dualseelenliebesgeschichte

Erstes Treffen
Februar 2017

Colby

Wir wollten uns öffnen, aber wir hatten Angst. Es gab so viel, das schief laufen könnte und so vieles, das in der Vergangenheit schief gelaufen war. Wie könnten wir uns plötzlich verlieben und ein perfektes Leben haben? Wie könnten all unsere Probleme in einem Moment gelöst werden? Es machte keinen Sinn. Und doch, da waren wir, sahen einander in die Augen, mit einem Wissen, dass dies genau das ist, wonach wir unser ganzes Leben lang gesucht hatten.

Wir waren uns beide unsicher, woher diese erstaunliche Person gekommen war. Wir trafen uns – verlegen – hinter der Fleischtheke in unserem örtlichen Supermarkt.

Am nächsten Tag bemerkte ich, dass ich einen unbestreitbaren Drang hatte, in ihrer Nähe zu sein. Ich wollte mit ihr reden und sie kennenlernen. Also war ich bei jeder sich bietenden Gelegenheit in ihrem Arbeitsbereich und machte ihre Arbeit für sie, damit sie den Raum hatte, ihr Leben mit mir zu teilen.

Wir sprachen über alles. Politik, Spiritualität, Klimawandel, Musik, unsere Vergangenheit, unsere aktuellen Beziehungen und unsere Kindheit. Das Gespräch floss, während wir die Welle unserer Leidenschaft füreinander erfassten.

Es dauerte nicht lange, bis unsere Gespräche bis in die Nacht hinein liefen. Keely bot mir an, mich am Ende unserer Schicht nach Hause zu fahren, und ich akzeptierte sofort. Dies wurde schnell zu einem Trend.

<u>Keely</u>

Die Mauern rund um mein Herz schmolzen sofort, sobald er in der Nähe war. Er wurde sehr schnell und plötzlich zu meinem engsten Vertrauten. Ich war beeindruckt, wie natürlich und leicht sich unsere Beziehung anfühlte. Ich konnte mit Colby über Gott und die Welt reden. Kein Thema war tabu. Nicht einmal mein leidenschaftliches Geschimpfe über geschlechtliche und sexuelle Gleichberechtigung konnte diesen Mann abschrecken. Ich war von Demut erfüllt.

Ich konnte spüren, wie er mir direkt in die Seele starrte, wenn wir uns unterhielten. Er sah alles von mir, und das machte mir ein wenig Angst. Ich versuchte, ihn auf Abstand zu halten, aber Colby sah über meine Angst hinweg. Er war hartnäckig.

Ich wusste immer, wann Colby arbeitete. Er hatte keine Angst davor, gehört zu werden. Seine laute, dröhnende Stimme konnte man von den Betonwänden widerhallen hören.

Ich konnte ihn nicht aus meinem Kopf bekommen, selbst wenn ich es versuchte. Etwas in mir wusste, dass mein Leben durch unsere

Beziehung für immer verändert werden würde.

Colby spürte irgendwie, wann ich mit der Arbeit fertig war, auch wenn ich nicht in seiner Abteilung arbeitete. Er suchte in den Lebensmittelgängen nach mir, weil er wusste, dass ich nach meiner Schicht gerne ein wenig einkaufen ging.

Als er mich fand, versuchte ich, cool zu bleiben, als hätte ich nicht schon längst an ihn gedacht. Er starrte mir furchtlos und mit voller Aufmerksamkeit in die Augen. Ich hatte keine andere Wahl, als mich seiner Liebe hinzugeben. Er war in mich verliebt, und das beruhte auf Gegenseitigkeit.

Die Zeit blieb stehen, wenn wir zusammen waren. Die Geräusche und Bilder um uns herum verschwammen, wenn wir über unsere Tage, unsere Lieblingsspeisen und -getränke sprachen. Gewöhnlich bat ihn ein Kunde um Hilfe, und unser Gespräch endete. Ich machte mich dann auf den Weg zur Kasse, während ich noch immer an Colbys Anwesenheit dachte.

Colby

Jedes Mal, wenn ich die Fleischabteilung betrat, schaute ich nach, ob Keely dort war. Sie tat dasselbe. Wir waren uns völlig bewusst darüber, was in jedem von uns vor sich ging. Wir haben nur gezögert, es zuzugeben.

Im Laufe des Monats wurde uns beiden klar, dass unsere derzeitigen Beziehungen dem Untergang geweiht waren. Ich hatte eine Verlobte und eine Einjährige zu Hause. Ich löste Schichten von

Scham und Schuldgefühlen, während ich meinem Herzen zu Keely folgte. Nichts konnte mich davon überzeugen, sie gehen zu lassen. Unsere Beziehung fühlte sich zu gut an, um sie aufzugeben.

Ewige Liebe einfordern
April 2017

Colby

Keely war die erste Person, von der ich mich vollkommen akzeptiert fühlte. Wir teilten dieselben Interessen, Träume und Lebenseinstellungen. Sie hatte alles, was ich mir je von einer Frau gewünscht hatte, und noch mehr. Sie ermutigte mich, meinen Träumen zu folgen, und sprach auf eine Weise, die sich vertraut anfühlte.

Im Laufe der Wochen spürte meine Verlobte eine Veränderung in mir. Ich war zum ersten Mal seit langer Zeit wieder glücklich. Schließlich sagte ich „nein" zum Elend und „ja" zur Liebe. Als sie merkte, dass sie mich nicht mehr kontrollieren konnte, verließ sie mich. Sich zu trennen war das Mitfühlendste, was man tun konnte. Wir wurden nicht als ewig Liebende erschaffen, und wir wussten es beide. Egal, wie sehr wir es auch versuchten, unsere Beziehung war nicht für die Dauer bestimmt.

Keely

Ich hatte tiefgehende Ärgernisse mit dem Freund, mit dem ich zusammenlebte. Ich begann, online nach Antworten zu suchen, wie wir unsere scheiternde Beziehung retten könnten. Dabei bin ich auf „Dualseelen" gestoßen. Ich erinnerte mich daran, dass ich im vorigen Jahr Dualseelen-Videos gesehen hatte. Ich dachte: „Vielleicht waren wir Dualseelen?" Laut den Videos brauchte ich nur zu warten, und irgendwann würde er zurückkommen.

Ich gab ihm Raum, während ich meine Aufmerksamkeit mehr auf mich selbst und mein eigenes Glück richtete. Ich wollte nicht warten, um mich gut zu fühlen. Als ich mich selbst weiterhin liebte, sahen wir uns kaum noch. Wir waren eher wie Mitbewohner anstatt Freund und Freundin. Ich sah mir immer wieder Dualseelen-Videos auf YouTube an, und eine Hellseherin versicherte mir, dass bis zum Ende des Monats, mein Mann zurückkehren würde.

Das Ende des Monats rückte näher, und unsere Beziehung fühlte sich nur noch schlechter an. Mir wurde klar, dass ich an Erwartungen darüber festgehalten hatte, was ich für unsere Beziehung hielt. Ich entschied mich, meine Erwartungen loszulassen und ihn bedingungslos zu lieben. Ich ging aufs Ganze und forderte ihn ein. Unsere Beziehung fühlte sich danach sogar noch schlechter an.

Meine Beziehung zu meinem „Freund" Colby fühlte sich so viel besser an.

Je mehr ich mich bedingungslos liebte und akzeptierte, desto weniger wollte mein Freund in meiner Nähe sein. Dann dämmerte es mir. Ich liebte mich selbst mehr als mein Freund mich liebte. In dieser Nacht machte ich Schluss mit ihm, und ich entschied mich, meine wahre Dualseele einzufordern. Ich wusste, dass er da draußen war. Es war mir egal, wer es war, in welchem Körper er steckte oder wie alt er war. Alles, was ich wollte, war, in einer gesunden, liebevollen Beziehung zu sein. Ich hatte genug von Trennung.

Colby

Ich aß gerade meinen Burrito außerhalb der Arbeit in meiner Mittagspause, als ich Keely auf mich zukommen sah. Sie hatte ihre Arbeitsstiefel zu schwarzen Jeans und ihren kleinen schwarzen REI-Rucksack an. Ihr Haar war unter ihrer Strickmütze versteckt. Sie sah süß aus.

Als ihre Augen die meinen erblickten, strahlte ihr Gesicht mit einem Lächeln. Sie blieb an meinem Tisch stehen, um zu reden.

„Wie geht es dir?", fragte Keely.

„Ähm, es war interessant die letzte Zeit. Ich lasse in diesen Tagen eine Menge Ängste los", antwortete ich.

Keely sah mich neugierig an. „Mhmm", antwortete sie.

„Wie geht es dir?", fragte ich.

„Mir geht es großartig! Mein Freund und ich haben uns gerade getrennt und ich fühle mich frei. Ich erkannte, wie sehr ich mich selbst davon abgehalten hatte, mein Leben zu leben", antwortete Keely.

„Wow. Meine Verlobte und ich haben uns auch gerade getrennt", antwortete ich mit einem breiten Lächeln im Gesicht.

„Oh wow" sagte Keely mit einem perplexen Gesichtsausdruck.

Trotz unserer Versuche, unsere Beziehungen zu anderen Menschen aufrechtzuerhalten, fielen sie auseinander. Zur gleichen Zeit. Und nun waren wir beide zu haben. Es war an der Zeit, meinen Schritt zu wagen.

Unser erstes Date
Mai 2017

Keely

Ich arbeitete gerade im Wareneingang, als Colby draußen vor meinem Büro auftauchte. Ich hörte mir gerade spirituelle Videos an, als er hereinkam. Ich wurde rot und zog meine Kopfhörer heraus, damit ich ihn hören konnte.

Wir begannen uns wie gewohnt zu unterhalten, und das Gespräch verlief in Richtung unserer Zukunft. Mein Mietvertrag lief Ende des Monats aus, und mein Plan war, meinen Job zu kündigen und von dem Geld zu leben, das ich gespart hatte, bis mir etwas anderes einfiel.

„Du bist nie allein", platzte Colby heraus.

Seine Worte trafen mich mitten ins Herz. Tränen begannen sich in meinen Augen zu bilden. Er meinte das mit seinem ganzen Sein.

„Danke", antwortete ich. „Das bedeutet mir sehr viel."

„Das ist wahr. Wenn du jemals etwas brauchst, bin ich hier", sagte Colby. Die Zeit schien stehen zu bleiben.

„Hey", sagte Colby mit einem Funkeln in seinen Augen. „Möchtest du mit zu mir kommen und abhängen?"

Bevor ich überhaupt denken konnte, sagte ich: „Ja! Das würde ich gerne."

<u>Colby</u>

Als sie ankam, brachte ich meine Tochter gerade ins Bett. Keely wartete geduldig im Wohnzimmer, bis ich fertig war.

Ich freute mich sehr, sie zu sehen. Ich wusste, dass dies eine große Sache war, und ich endlich mit der Frau zusammen war, die ich wirklich wollte. Ich lud sie in den Garten ein.

Schnell sammelte ich Holz und machte ein Feuer. Die Flammen begannen zu steigen, während wir starr ins Feuer blickten. Der Abendhimmel beleuchtete sanft unsere Gesichter, während die Sonne hinter dem Horizont versank.

Die Energie, die durch uns floss, war elektrisierend. Wir unterhielten uns weiter, wie wir es gewohnt waren. Es gab keinen Zweifel an der Verbindung, die wir beide fühlten. Etwas tief in uns beiden war erwacht und kam zum Vorschein. Wir konnten nichts anderes tun, als uns immer näher zu kommen.

Keely

Im Laufe der Nacht konnte ich meine Gefühle für Colby nicht länger verleugnen. Er war derjenige, nach dem ich gesucht hatte, und er war die ganze Zeit hier gewesen. Ich deutete ihm sein Geburtshoroskop und sprach mit ihm über Spiritualität. Er sah mich mit Liebe in seinen Augen an. Und dann lehnte er sich zu mir und fragte, ob er mich küssen dürfe.

Ich sagte: „Ja!" trotz meiner Nervosität. Als unsere Lippen sich trafen, fühlte ich einen tiefen Energieschub in mir aufsteigen. Unser erster Kuss war elektrisierend und doch friedlich. Es fühlte sich einfach *richtig* an. Angst begann sich aus meinem System zu lösen, als ich erkannte, wer Colby für mich war. Er war meine Dualseele.

Colby sah mich mit einem Grinsen im Gesicht an und fragte, ob ich Lust auf einen Spaziergang hätte. Ich stimmte schnell zu. Wir hielten uns an den Händen, während wir durch die friedliche Nachbarschaft rund um sein Haus liefen. Ich blickte zu den Sternen hinauf, die über uns funkelten. Während wir spazierten, blieb Colby bei jedem Baum stehen und sprach mit ihm. Er erzählte dem Baum, wie schön er ist und wie dankbar er für seine Anwesenheit in unserem Leben ist.

Zuerst war ich ein wenig verlegen. Ich war noch nie mit jemandem zusammen gewesen, der so wenig Angst davor hatte, er selbst zu sein. Ich ließ meine Angst, gesehen zu werden, los. Auch ich teilte eine tiefe Liebe zur Natur, und ich fand seine Beziehung zu den Bäumen liebenswert. Er liebte die Bäume und hatte keine Angst, es zu zeigen.

Die folgende Woche war pure Glückseligkeit. Wir waren aus den Leben, die wir kannten, ausgestiegen, in eine andere Welt hinein. Als wir mehr Zeit miteinander verbrachten, begann sich eine grandiose Verbindung mit dem gesamten Universum zu zeigen.

Tagein und tagaus waren wir zusammen. Wir schwebten auf einer Wolke, unsere Sorgen weit hinter uns gelassen. Wir wussten, dass wir genau hier sein wollten. Wir wussten, dass wir zusammengehörten.

Am Ende der Woche diskutierten wir darüber, wie wir zusammenziehen würden. Wir hatten Pläne, ein Heilungs-Retreat-Zentrum zu gründen; wir würden die Landschaft nach Permakultur-Prinzipien gestalten und Meditationen und Diskussionen halten, um bei emotionalen Traumata zu helfen.

Es fühlte sich an, als ob sich alles zusammenfügen würde, aber es fehlte etwas Wesentliches. Wir hatten nicht die Heilungsgrundlage, die wir brauchten, um unsere Träume zu manifestieren.

Trennung
Juni 2017

Keely

Dann betraten wir wieder die Welt, die wir vorher gekannt hatten. Wir begannen, mit den Menschen zu interagieren, zu denen wir Beziehungen gehabt hatten. Colbys Freunde und Familie waren misstrauisch gegenüber unserer Verbindung. Die Angst begann sich zu zeigen. Zweifel begannen, sich in unseren Geist einzuschleichen. Und wir erlaubten ihnen zu verfaulen. War dies nur eine weitere tragische „zu schön, um wahr zu sein"-Liebesgeschichte wie all die anderen?

<u>Colby</u>

Es ist nicht wirklich wichtig, was es war, das uns auseinanderbrachte. Die Einzelheiten sind nie wirklich wichtig. Das Einzige, was wirklich wichtig ist, ist die Wahl zwischen Liebe und Angst. In diesem Moment wählten wir die Angst.

Trotz all der Herrlichkeit unserer Freundschaft und der Tiefe der Gefühle, die wir füreinander hatten, trennten wir uns. Keely stieg in ihr Auto und fuhr weg. Und ich entschied mich, nicht für sie zu kämpfen. Wir erlaubten unseren Träumen zu entgleiten.

Wir sprachen kurz miteinander, nachdem Keely Portland für ihre Heimatstadt Massachusetts verlassen hatte. Dies ging nicht gut aus, da wir glaubten, dass wir eine grundlegende Spaltung in unseren Überzeugungen hatten. Danach redeten wir mehrere Monate lang nicht miteinander.

<u>Keely</u>

Die Entscheidung, meinen Mann zu verlassen, war die absolut schlechteste Entscheidung, die ich je getroffen habe. Ich war mir nicht bewusst, was diese Beziehung wirklich bedeutete, und ich versuchte, sie wie jede andere Beziehung zu behandeln. Ich habe hier tiefes Mitgefühl für mich selbst. Ich dachte, ich könnte über Colby hinwegkommen, indem ich mich mit einer dreimonatigen

Autoreise entlang der Westküste ablenke. Was ich gelernt habe, ist, dass ich ihn absolut nicht aus meinem Herzen und meiner Seele bekommen konnte. Ich habe auch gelernt, dass ich nicht wütend auf ihn bleiben konnte.

Lektionen gelernt
August 2017

<u>Keely</u>

Je weiter ich fuhr, desto schlechter fühlte ich mich geistig, körperlich und emotional. Schließlich war mein Gesundheitszustand so schlecht, dass ich kaum noch grundlegende Aufgaben erledigen konnte. Allein in meinem Auto zu leben, war keine Option mehr. Meine Eltern boten mir an, bei ihnen zu bleiben. Ich war erleichtert, einen sicheren Wohnort zu haben, wo ich mich erholen und die medizinische Hilfe bekommen konnte, die ich brauchte.

Kurz nach Ankunft im Haus meiner Eltern sprachen Colby und ich wieder miteinander. Nach unserem Telefonat überkam mich eine Welle der Traurigkeit, als mir bewusst wurde, wie weit wir scheinbar voneinander entfernt waren. Ich fühlte mich innerlich leer. Ich wusste, dass wir zusammen sein mussten, aber ich war mir nicht ganz sicher, wie.

Ich wurde auf den Elefanten im Raum hingewiesen: meine körperliche Gesundheit. Ich hatte mich in den letzten Monaten so stark ausgelaugt, dass mein Körper sich wirklich aus dem Gleichgewicht gebracht fühlte. Ich konnte meine Nahrung tagelang nicht mehr ohne Schmerzen, Blähungen und Verstopfung verdauen. Ich ging zu einem Ernährungsberater und fand nach einem Allergietest heraus, dass ich gegen fast alle Nahrungsmittel allergisch war, die ich aß. Ich hatte Angst vor Essen und fühlte mich hoffnungslos. Ich wusste, dass ich meine Gesundheit in Ordnung bringen musste, wenn ich zurück nach Portland gehen und mit Colby zusammen sein wollte.

Die nächsten Monate bestanden darin, dass ich alle möglichen „Heilmittel" gegen die Schmerzen ausprobierte, wie die Beseitigung von Zucker, Fleisch, Milchprodukten und allen verarbeiteten Lebensmitteln. Ich fing an, mehrmals täglich medizinischen Cannabis zu rauchen, um die Schmerzen zu lindern, merkte aber bald, dass dies nicht die Lösung war. Ich wollte nicht von Cannabis abhängig sein. Was würde passieren, wenn das ganze Cannabis ausgehen würde? Was würde ich dann tun? Ich dachte mir: „Es muss einen anderen Weg geben. Es muss einen besseren Weg geben, mein Leben zu leben."

Unsere Lehrer finden
April 2018

Keely

Ich hörte auf zu rauchen und begann, wieder zu fühlen. Dinge, die ich versucht hatte, zu unterdrücken, kamen zum Vorschein. Eines dieser Dinge war mein tiefer und unbestreitbarer Wunsch, mit meiner Dualseele zusammen zu sein. Endlich kam ich aus dem Nebel heraus und zu der Erkenntnis, dass ich genug von dem

Kontrast hatte. In diesem Moment wählte ich Glücklichsein. Und da fand ich Jeff und Shaleia auf YouTube. Sie zum ersten Mal auf YouTube zu sehen, war ein Moment, den ich nie vergessen werde. Mein ganzes Bewusstsein vibrierte in der Erkenntnis, wer sie für mich waren. Ich hatte das Gefühl, sie schon immer gekannt zu haben.

„Sie sind meine Lehrer", sagte ich in meinem Herzen.

Ich begann, all ihre kostenlosen Inhalte zu verschlingen. Ich sah, wie Jeff und Shaleia das Leben lebten, das ich vor einigen Monaten gerade noch gekostet hatte. Ich war entschlossen, alles zu lernen, was sie mir beibringen konnten.

Wann immer ich mich besonders deprimiert oder hoffnungslos fühlte, suchte ich mir ein YouTube-Video von Jeff und Shaleias Kanal aus, rollte mich unter einer Decke zusammen und erlaubte ihren Worten meine Seele zu besänftigen. Ihre Videos unterschieden sich so sehr von den anderen Dualseelen-„Lehrern" da draußen. Jeff und Shaleia wussten etwas, das diese sogenannten Lehrer nicht wussten.

Ich erinnere mich, wie ich Jeff und Shaleia dabei zuhörte, als sie in einem bestimmten Video darüber sprachen, dass einer der Schlüssel zum Zusammenkommen mit deiner Dualseele darin besteht, dein Einssein mit Gott zu erkennen. Diese Aussage berührte mich tief in meiner Seele. Ich erlebte eine Rückblende zu meiner Zeit mit Colby und wie friedlich ich mich fühlte. Zu dieser Zeit erkannte ich gerade eine höhere Macht der Perfektion, die alles in mir und um mich herum durchströmte. Ich nannte diese Macht das Universum, Gaia und Mutter Erde. Nachdem ich Jeff und Shaleia über Gott sprechen hörte, wurde mir klar, dass ich wirklich die ganze Zeit mit Ihm gesprochen hatte!

Ich bin nicht religiös aufgewachsen. Meine Mutter war etwas spirituell und glaubte an ein Leben nach dem Tod, und mein Vater war Atheist. „Gott" war kein Begriff, mit dem ich vertraut war. Als ich aufwuchs, beneidete ich meine Freunde, die eine Religion ausübten und sich zu besonderen Anlässen in ihrer Kirche versammelten. Der Gemeinschaftssinn war immer etwas, das ich mir wünschte.

Ein weiteres Video von Jeff und Shaleia warb für ihre Dualseelen-Schule und ihre Facebook-Gruppe. Ich trat sofort ihrer Facebook-Gruppe bei und fand heraus, dass ich für nur ein paar hundert Dollar im Monat Mitglied der Twin Flame Ascension School und Life Purpose Class werden konnte. Ich hatte gerade genug Geld, um beide monatlichen Mitgliedschaften zu bezahlen. Ich wusste in meinem Herzen, dass dies die Lösung war, nach der ich gesucht hatte.

Ich hatte nicht den geringsten Zweifel. Mein ganzes Wesen wusste es. Ich begann, Jeff und Shaleias Klassen und die Spiegelübung täglich zu studieren. Meine wöchentliche Diskussionsgruppe war etwas, auf das ich mich jede Woche freute. Ich fühlte mich endlich verstanden.

Der Unterschied, den diese Community auf meiner Reise ausmachte, bedeutete einfach alles. Ich war in der Lage, mit realen Menschen über das, was ich erlebte, urteilsfrei zu sprechen. Nicht nur das, sondern sie versorgten mich auch mit echten, fundierten Lösungen für all meine Probleme. Die Dinge in meinem Leben begannen sich rasant zu verändern, als ich zum allerersten Mal lernte, wie ich mich selbst lieben kann.

Wiederverbindung
Juni 2018

Keely

Meine Gesundheit verbesserte sich erheblich, als ich meine Gefühle fühlte und mich nach Jahren des Missbrauchs wieder mit meinem Körper verband. Ich nahm an einer Körperheilungssitzung teil, und wir heilten den Kern meiner Verdauungsprobleme. Ich erlaubte mir zum ersten Mal in meinem Leben, das zu essen, was ich wollte, und ich hatte keine negativen Auswirkungen. Meine Verdauung ist jetzt besser, als sie es je in meinem ganzen Leben war.

Drei Monate vergingen, und ich fühlte mich jeden Tag besser und besser. Ich fühlte zum ersten Mal wahren Frieden, und ich begann, eine liebevolle Beziehung zu Gott zu entwickeln. Es war Gott, der mich zu Colby brachte, und es war Gott, der mir die Lösung zu meinen Wünschen brachte: Jeff und Shaleia.

Alles fühlte sich leichter an. Sogar meine Familienbeziehungen verbesserten sich. Ich spiegelte meine vorherigen Ärgernisse mit Colby und wählte jedes Mal die Wahrheit. Ich vergab mir selbst, dass ich Colby verlassen hatte, und entschied mich dafür, stattdessen Mitgefühl für uns zu haben. Alles lief so gut. Und dann sagte Gott mir, dass es an der Zeit war, mich bei Colby zu melden.

Aus Angst hätte ich mich beinahe widersetzt. Aber dann entschied ich mich dafür, Liebe zu wählen. Ich entschied mich, Gott zu vertrauen, und mit Gottes Führung sendete ich Colby eine sieben Minuten lange Sprachaufnahme per E-Mail, in der ich ihn über mein Leben und meine tiefere Erkenntnis informierte. Ich traf die Entscheidung, Gott zu erlauben, durch mich zu sprechen.

Ich sagte Colby, dass ich ihn liebe und dass ich nicht aufgehört habe, an ihn zu denken. Er antwortete vier Stunden später mit einer E-Mail. Eines meiner Lieblingsdinge, die er in seiner Antwort sagte, war: „Ich kann dein friedliches Alleinsein in deiner Stimme hören. Es ist unverkennbar und erfrischend. Gute Arbeit." Ich war sehr glücklich, dass er meinen spirituellen Fortschritt bemerkte. Wir waren uns beide einig, dass ein Gespräch am Telefon ein guter nächster Schritt sein würde.

Colby

Als es für Keely und mich an der Zeit war, zu telefonieren, nahm sie nicht ab. Ich rief mehrere Male an, aber ihr Telefon schaltete direkt auf die Mailbox. „Sie hat mich versetzt", dachte ich mir. Ich war es gewohnt, von anderen Menschen auf diese Weise behandelt zu werden, aber ich war überrascht, dies mit Keely zu erleben. Es schien ihr nicht ähnlich, so etwas zu tun. Ich entschied mich, durch meine Gefühle zu arbeiten, und dachte, dass es dafür eine gute Erklärung geben muss.

Keely

Ich war nervös wegen meines „Telefondates" mit Colby. Ich entschied mich dafür, mich vorher selbst zu romantisieren, um meine Nerven zu beruhigen und mich mit Gott verbunden zu fühlen. Ich entschied mich für ein schönes mit Blumen bedrucktes Kleid und meine Haare und mein Make-up zu machen. Ich saß auf meinem Stuhl und schaute aus dem Fenster, als unsere vereinbarte Zeit schnell herannahte.

Mehrere Minuten vergingen, und ich hatte keinen Anruf von Colby erhalten. Ich spürte eine leichte Panik in mir aufkommen. „Oh nein... er interessiert sich wohl nicht für mich", dachte ich mir. Aber dann begann ich meine Ärgernisse zu spiegeln. Ich entschied mich, den Teil von mir zu lieben, der sich verlassen und verletzt fühlte. Gott hat mich nie verlassen. Er ist immer hier. Eine Stunde verging und immer noch kein Anruf von Colby.

Schließlich schlich ich nach unten ins Wohnzimmer. Meine Schwester Marlee wartete auf ein Update. Ich erzählte ihr, was passiert war, und sie fragte ruhig: „Bist du sicher, dass er auf deinem Telefon nicht blockiert ist?""

„Natürlich nicht", antwortete ich. „Ich habe ihn vor Monaten entblockt."

Marlee sah mich an, immer noch mit fragenden Augen. „Vielleicht solltest du es einfach noch einmal überprüfen", sagte sie.

„Okay, ich werde es überprüfen, aber es ist unmöglich..." Ich verstummte fassungslos, als ich sah, dass Colby tatsächlich immer noch auf meinem Telefon blockiert war. Ich drückte die Entsperrungstaste, und dann wurde mein Telefon mit alten Spach- und Textnachrichten von Colby aus den vergangenen Monaten überflutet. Die ganze Zeit dachte ich, er wolle nichts mit mir zu tun haben, aber in Wirklichkeit war es nur meine eigene Angst davor, geliebt zu werden.

Anfang 2018 wollte ich so verzweifelt Kontakt mit Colby aufnehmen, dass ich ihn schließlich auf meinem Telefon blockierte, damit ich nicht in Versuchung geriet, ihm bedürftige und nervige Nachrichten zu schicken. Ich hätte schwören können, dass ich ihn bereits im April wieder entblockt hatte, aber anscheinend nicht!

Ich schickte Colby sofort eine Entschuldigungs-Nachricht und sagte ihm, dass ich jetzt für ein Gespräch mit ihm zur Verfügung stehe. Er antwortete sofort und folgte meinem Wunsch.

Colby

Als Keely und ich zum ersten Mal seit mehreren Monaten wieder miteinander telefonierten, fühlte ich mich sehr friedlich und geerdet. Obwohl ich zuvor wegen unseres Missgeschicks frustriert war, entschied ich mich dafür, ihr trotzdem zu vergeben und sie zu lieben. Ich konnte spüren, dass wir beide genau das taten, was für uns bestimmt war. Auch wenn mir die Worte fehlten, um es zu beschreiben, wusste ich, dass sie meine Dualseele war. Ich hatte ein unauslöschliches Gefühl in meinem Herzen.

Keely

Während ich mit Colby telefonierte, entschied ich mich, eine visuelle Meditation mit ihm zu machen. Ich führte ihn zu seinem Herzraum, wo ich ihm half, sich die Schwere auf seinem Herzen vorzustellen und wie sie beginnt, sich in Liebe zu lösen und freizusetzen. Als ich ihn zu seinem Herzen führte, konnte ich fühlen, wie all diese Energie von meiner Brust in meine Kehle aufstieg und schließlich durch meinen Scheitel freigesetzt wurde. Ich begann zu weinen und sagte Colby, dass ich ihn liebte. Er erwiderte es.

Später erzählte mir Colby, wie überwältigt er sich von all diesen spirituellen Veränderungen fühlte. Er beschrieb, dass er sich in den letzten Monaten wie in einem Kokon gefühlt und einen Ego-Tod nach dem anderen erlebt hatte. Ich traf die Entscheidung, Mitgefühl für unseren Heilungsprozess zu haben, und fragte ihn, ob er gerne von mir durch sein Ärgernis geführt werden möchte.

Als ich ihn aufforderte, den Teil von ihm zu finden, der sich überfordert fühlte, sagte er, dass er ihn nicht sehen konnte. Ich sagte ihm, dass er sich keine Sorgen machen muss, denn ich konnte und würde ihn heilen. Ich beschrieb den Teil von ihm, der Liebe brauchte, und ermutigte Colby, sich dort selbst zu lieben.

Am nächsten Morgen erzählte mir Colby, wie goldrichtig ich mit dem Ärgernis lag. Er bat mich, Geduld mit ihm zu haben, während er diese Dinge herausfand.

„Ich gehe nirgendwohin", antwortete ich.

Colby

Wir sprachen drei Stunden lang, während ich unter einem Riesenlebensbaum (Western Red Cedar) saß. Ich erinnere mich, wie sie eine Kerze in ihrem Schlafzimmer beschrieb. Die Flamme wurde für einen Moment in zwei Hälften geteilt und verschmolz dann zu einer. Ich wusste, dass dies unser Schicksal war. Ich fühlte große Bewunderung, als Keely über ihre spirituelle Praktik und die Community sprach, von der sie ein Teil geworden war. Keely erwähnte, dass sie bald eine Reise in meine Stadt unternehmen wollte, und ich freute mich sehr über den Gedanken, sie wiederzusehen. Ich sagte ihr, dass es eine großartige Idee war, zurück nach Portland zu kommen.

Das Wiedersehen
21. September 2018

Keely

Ich erhielt meinen Romance Report von Jeff und Shaleia. Er hat mich umgehauen. Als ich die gechannelte Botschaft meiner Dualseele las, begann ich sofort zu weinen und fühlte, wie sich mein Herz öffnete. Es war sicher, sich der Liebe wieder zu öffnen. Eine Sache, die für mich wirklich herausstach, war, als Jeff mir sagte, dass ich nicht meinen gesamten Aufstiegsprozess gemeistert haben musste, um mit meinem Mann zusammen zu sein. Alles, was nötig ist, um erfolgreich zu sein, ist, dass ich durch das hindurcharbeite, was jetzt auftaucht. Um das zu tun, muss ich mich akzeptieren, wo ich jetzt bin. Diese brillante Information war genau das, was ich brauchte, um mich auf mein mögliches Wiedersehen mit Colby vorzubereiten.

Der Plan war, mit meiner Schwester Marlee quer durch die USA nach Portland, Oregon zu reisen und ihr beim Umzug in ihr neues Studentenwohnheim zu helfen. Colby wusste, dass ich kommen würde, aber wir hatten noch keine festen Pläne, um zusammen abzuhängen. Ich hatte viel Ängste und Sorgen, die aufkamen, aber ich erinnerte mich an den Rat von Jeff und Shaleia. Alles, was ich tun musste, war, mich selbst zu akzeptieren. Das war genug.

Colby

Als die Zeit von Keelys Ankunft näher rückte, hatte ich Angst und fühlte mich solch einer tiefen Liebe nicht würdig. Ich sendete Keely eine E-Mail und sagte ihr, dass ich sie nicht sehen sollte, weil ich dachte, dass ich es nicht wert war. Sie rief mich schnell an und hinterließ eine Nachricht, in der sie sagte, dass meine Empfindungen Unsinn waren und sie sich wirklich darauf freute, mich zu sehen. Ich spürte ihre Liebe durch ihre Worte und fühlte eine große Leichtigkeit in meinen Körper hineinströmen. Ich wusste, dass sie Recht hatte.

Keely

Colbys Nachricht machte mir zuerst Angst, aber ich wusste, dass ich alle Werkzeuge hatte, die ich brauchte, um unser Bewusstsein zu heilen. Ich sprach seine Angst an und liebte ihn. Nichts würde uns davon abhalten, zusammen zu sein.

Am nächsten Tag packten Marlee und ich unsere Koffer in den Minivan unseres Vaters und fuhren zum Flughafen. Ich hatte sechs Stunden Flugzeit, bevor ich Colby sehen konnte. Ich beschloss, diese Zeit zu nutzen, um meine Gefühle zu fühlen und mich selbst zu lieben. Manchmal war die Angst so stark, dass ich das Gefühl hatte, aufzugeben, aber ich weigerte mich, denselben Fehler wie im Jahr zuvor zu machen.

Ich kam zu meinem Ort des Friedens zurück und las Passagen aus der *Autobiographie eines Yogi* und natürlich dieses Buch. Ich wusste, dass Gott mich die ganze Zeit führte und ich hatte nichts zu befürchten. Ich entschied mich, mich Ihm hinzugeben.

Später während des Fluges fühlte ich mich berufen, mir eine Käse- und Obstplatte und ein Bier zu gönnen. Ich hatte noch nie Alkohol oder Essen während eines Fluges gekauft und arbeitete durch Gefühle von Unwürdigkeit. Ich bat Gott, mir durch den Widerstand zu helfen, und Er zeigte auf das Buch meines Nachbarn mit dem Titel „Die subtile Kunst, des Daraufscheißens". Ich lachte und fühlte, wie sich die Energie in mir veränderte. Gott hat einen großartigen Sinn für Humor. Es war die perfekte Botschaft, die ich brauchte, um meinen Wunsch zu ehren, mich selbst ohne Angst und Urteil zu lieben.

Mein Essen kam sofort, aber mein Getränk war nirgends zu sehen. Ich war darüber nicht verärgert, weil ich mich vollkommen damit zufrieden gab, mich zuerst auf mein Essen zu konzentrieren. Nach etwa 30 Minuten kam die Flugbegleiterin, bei der ich meine Bestellung aufgegeben hatte, vorbei. Ich erinnerte sie an meine Getränkebestellung, und sie entschuldigte sich sofort. Ich bemerkte, dass sie sich schlecht fühlte, deshalb versicherte ich ihr, dass es okay war und sie sich keine Sorgen zu machen brauchte.

„Gott segne Ihr Herz", sagte sie und kam einige Minuten später zurück und teilte mir mit, dass sie mir keine meiner Bestellungen in Rechnung stellen würde, um die Unannehmlichkeiten auszugleichen. Ich fühlte mich so geliebt und umsorgt. Ich liebe es, wie Gott uns liebt. Alles, was wir tun müssen, ist, unsere Unterstützung einzufordern.

Colby

Meine Tochter Avalyn und ich machten uns auf den Weg, um Keely am Flughafen zu treffen, wenn ihr Flugzeug landete. Ich hatte Angst, als wir den Flughafen ansteuerten. „Bin ich gut genug?" fragte ich mich immer wieder. Kurz darauf ertappte ich mich dabei, wie ich wieder in ihre schönen blauen Augen blickte. Ihre offene Akzeptanz brachte meine Paranoia zur Ruhe.

Keely

Marlee und ich holten gerade unser Gepäck, als ich jemanden rufen hörte: „Entschuldigen Sie, Fräulein!" Ich drehte mich um, um den schönsten Mann der Welt zu sehen. Er war mit seiner zwei Jahre alten Tochter Avalyn da. Ich begrüßte sie und umarmte Colby dann für eine lange und wohlverdiente Umarmung. Ich fühlte mich „zu Hause". Dann zog ich ein Perlenarmband mit einer Libelle hervor, das ich für Avalyn gemacht hatte. Es passte ihr perfekt.

Colby war so süß. Er half uns mit all unserem Gepäck und bot uns an, uns zu unserem Zielort zu fahren. Als wir durch den Flughafen gingen, fühlte ich mich so dankbar, in der Gegenwart meiner Dualseele zu sein. Wir gingen auf die Rolltreppen zu, und Colby ging mit zwei unserer größten Koffer vor uns her. Er schaute zurück zu Avalyn, und ich spürte, dass er sich fragte, wie er Avalyn mitnehmen könnte.

Dies war mein Stichwort, um hervorzutreten und meine Rolle als seine Partnerin einzunehmen. Gerade als ich die Entscheidung traf, ergriff Avalyn meine Hand, und wir gingen hinüber zur Rolltreppe, wo ich ihr hinaufhalf. Ich war nervös. Ich wusste, dass Colby mich beobachtete. Avalyn und ich bestiegen erfolgreich die Rolltreppe, während Colby erleichtert zusah.

Ich war immer noch etwas nervös, wenn ich mit Avalyn zusammen war. Ich fühlte mich unsicher, wie ich mich in ihrer Gegenwart verhalten sollte. Ich hatte nicht viel Erfahrung im Umgang mit Zweijährigen, deshalb entschied ich mich dafür, mich Gottes Führung hinzugeben. Ich entschied mich dafür, sie mit ganzem Herzen zu beanspruchen. Ich entschied mich dafür, für sie da zu sein und sie genau so zu bemuttern, wie Gott es für mich vorsah. Ich fühlte mich geehrt, dass ich die Möglichkeit hatte, Avalyn zu lieben und ein Teil dieser Familie zu sein.

Als wir zu Colbys Auto kamen, hob er unser gesamtes Gepäck in den Kofferraum. Es fühlte sich so gut an, so umsorgt zu werden. Ich ließ den Widerstand los, als ich mich dafür entschied, Gottes Unterstützung durch Colby anzunehmen.

Als wir in die Stadt fuhren, sah ich so viele Nummernschilder mit unseren Initialen, dass ich nicht anders konnte, als zu kichern. Er schaute mich mit einem neugierigen Blick an. Wir unterhielten uns ein wenig, aber hauptsächlich genossen wir einfach die Gegenwart des anderen. Es war ein surreales Gefühl. Ich fühlte mich, als wäre keine Zeit vergangen, seit wir das letzte Mal vor einem Jahr zusammen waren, und doch hatte sich so viel verändert. Ich hatte die Kraft Gottes in meinem Herzen und die Lehren von Jeff und Shaleia als meinen Wegweiser.

Wir erreichten unser Ziel im Zentrum von Portland. Autos und Menschen schwirrten um uns herum. Alle neuen Studenten scharten sich rund um den Campus der Portland State University, und ich fragte mich, wie wir einen Parkplatz finden könnten. In diesem Moment setzte ein Auto den Blinker an und fuhr vor uns heraus, sodass ein Parkplatz frei wurde. Colby und Avalyn halfen uns, unser gesamtes Gepäck auszuladen und begleiteten uns zu Marlees Studentenzimmer. Es war Zeit für Avalyns Mittagsschlaf, also verabschiedeten wir uns und gingen getrennte Wege.

Später an diesem Abend fühlte ich mich dazu gerufen, etwas zum Mitnehmen zu besorgen und es zu meinem Airbnb zu bringen, das nur elf Minuten von Colbys Haus entfernt lag. Gott sagte mir, dass es Zeit war, etwas zu unternehmen. Ich wurde dazu angeleitet, Colby meine Adresse zu schicken und ihn zum Essen und Trinken einzuladen. Ich überwand meinen anfänglichen Widerwillen, gab mich hin und schickte ihm die Nachricht. Ich erinnerte mich an die Lehren von Jeff und Shaleia und dass mein Wohl hier ist. Alles, was ich tun muss, ist, es einzufordern und Vertrauen in Gott zu haben. Colby antwortete sofort.

Colby
Kurz nachdem Avalyn und ich zu Hause angekommen waren, lud Keely mich ein, sie in ihrem Airbnb zu besuchen.

„Das klingt wunderbar", sagte ich. „Ich werde um 20.30 Uhr da sein", antwortete ich mit Gefühlen der Aufregung, die durch meinen Bauch gingen.

Keely

Nachdem ich mich sauber, behaglich und gepflegt fühlte, wagte ich mich hinaus zu einem Schnapsladen, der drei Minuten von meinem Standort entfernt war. Ich ging ursprünglich für ein Bier hinein, aber Gott führte mich direkt in die Weinabteilung und geradewegs zu einer Flasche Cabernet Sauvignon mit drei Raben darauf. Raben und Krähen erinnerten mich an mein erstes Jahr in Portland. Danach war es Zeit, thailändisches Essen zu holen. Die Frau hinter dem Tresen fragte mich, ob ich zusätzlichen Reis haben wollte (kostenlos). Ich nahm es freudig an. Ich gab ihr ein dickes Trinkgeld und ging mit einem Lächeln, nur um bei der Ankunft in meiner Wohnung festzustellen, dass sie mir auch eine köstliche Portion Mangoreispudding mitgegeben hatte. Alles entfaltete sich so perfekt.

Fünf Minuten, nachdem ich zurück in meine Wohnung kam, erhielt ich einen Anruf von Colby, der mir mitteilte, dass er in der Nähe war. Ich wartete draußen auf ihn.

Colby

Ich kam bei Keelys Airbnb an. Als ich sie sah, konnte ich nicht anders, als stehen zu bleiben und sie anzustarren. Sie war die schönste Frau, die ich je gesehen hatte. Sie trug dunkelroten Lippenstift und ein Halsreif-Collier mit einem wunderschönen orangefarbenen Stein darauf. Ihr Airbnb war cool. Es war sein eigenes Mini-Heiligtum, das sich im Garten eines größeren Hauses befand.

„Es heißt *The Garden Home*", sagte Keely mit einem Lächeln. „Ich habe es mit dir im Sinn gebucht", fügte sie hinzu.

Ihre Stimme ließ mein Herz flattern. Ihr Lächeln war verlockend. Jedes Mal, wenn ich in ihre Richtung schaute, konnte ich spüren, wie sich mein Herz ihr öffnete. Keely lud mich ein, mit ihr neben einem Mini-Holzofen zu sitzen.

„Du siehst wirklich gut aus", sagte ich, während ich ihr in die Augen blickte.

Sie wurde rot und dankte mir.

Keely holte einige Menüboxen hervor und erzählte mir, dass sie Tom-Ka-Suppe bestellt hatte und bot mir welche an. Ich lachte und erzählte ihr, dass ich das vorhin erst zum Mittagessen bestellt hatte. Wir lächelten beide über die Synchronizität.

<u>Keely</u>

Nachdem wir eine kleine Weile geplaudert und das Essen miteinander geteilt hatten, beschloss ich, ihm die Geschenke zu geben, die ich mitgebracht hatte. Die ersten Geschenke, die ich ihm überreichte, waren zwei Gläser mit hausgemachter Tomatensauce hergestellt aus den Tomaten und Gemüsesorten, die ich auf dem Bauernhof anbaute, auf dem ich den Sommer über gearbeitet hatte. Ein Glas war rauchig, scharf und süß, das andere war aus Heirloom-Tomaten hergestellt und hatte einen leichteren, erfrischenden Geschmack. Colby dankte mir und sagte mir, dass diese Geschenke „für einen König geeignet" seien.

Ich holte mein nächstes Geschenk heraus, ein Orakelkartendeck über Liebe. Colby hatte noch nie zuvor ein Orakeldeck gesehen, also gab ich ihm einen kleinen Überblick und zog eine Karte für uns. Es war die Karte „Himmel". Ich las die dazugehörige Beschreibung und das Gedicht. Danach lächelten wir nur noch, sahen uns beide in die Augen, und fühlten die Liebe um uns herum und in uns. Er sagte mir, dass die Karte genau das beschrieb, was er hören musste, und dass es eine der schönsten Passagen war, die er je gehört hat. Er blickte erstaunt auf das Kartendeck, während mein Herz vor Freude flatterte. Ich wusste, er würde es lieben. Dann gab ich ihm ein Exemplar der *Autobiographie eines Yogi*. Ich hatte dieses Buch etwa zwei Monate zuvor erwähnt und ihm gesagt, dass es sehr wohl wert war, gelesen zu werden. Er lächelte und dankte mir liebenswürdig, aber dann gab er zu, dass er bereits ein Exemplar gekauft hatte, nachdem ich es zuvor empfohlen hatte. Ich war geschmeichelt und freute mich zu hören, dass er sich meine Empfehlung zu Herzen nahm. Ich sagte ihm, dass er dieses Exemplar einfach jemandem geben könnte, zu dem er sich geführt fühlte.

„Ich würde lieber jemandem das geben, welches ich gerade gekauft habe, damit ich das behalten kann, welches du mir gegeben hast", sagte er. Ich wurde wieder rot. Einige Augenblicke später schlug ich vor, dass wir vielleicht einen Spaziergang machen, und er sagte „natürlich". Dann sagte ich ihm, dass ich mir ein Glas Wein wünschte, und fragte ihn, ob er welchen möchte. Er lehnte ab. Als ich mir selbst ein Glas einschenkte, sagte er mir, dass er in Wirklichkeit aus Angst „nein" gesagt hatte. Ich kicherte und fragte ihn noch einmal. Dieses Mal akzeptierte er.

Schließlich fanden wir uns vor dem Boden auf der Heizung wieder. Zuerst saß er mir schräg gegenüber, und bemerkte dann, dass er sich unwohl fühlte, und rutschte zu mir herüber. Wir begannen, über Gott, unsere spirituelle Arbeit und all die Fortschritte zu sprechen, die wir gemacht haben. Wir sanken weiter auf den Boden, als wir beide Frieden fanden. Wir begannen, gemeinsam in Stille zu meditieren, während wir uns tiefer hingaben. Irgendwann schlief ich ein und wachte auf, nur um festzustellen, dass Colby immer noch meditierte. Ich lächelte und fühlte mich in diesem Augenblick so behütet und geliebt. Das war genau das, wovon ich immer geträumt hatte.

Nachdem wir uns wieder aufgerichtet hatten, stellten wir fest, dass wir nicht länger unseren Spaziergang machen wollten. Wir waren vollkommen damit zufrieden, drinnen zu bleiben und die Wärme und den Komfort des Hauses zu genießen. Wir fanden uns auf einer Sitzbank am Rande des Bettes wieder, und wir saßen beide einfach da und sahen einander tief in die Augen. Die Spannung nahm zu, und schließlich näherten wir uns für einen Kuss… was sich zu einer wundervollen Knutscherei entwickelte.

Der Rest der Nacht war so heilsam. Unsere Angst und unsere Selbstverurteilung begannen zu schmelzen, als wir uns unserer Liebe füreinander hingaben. Colby sah mir direkt in die Augen und sagte: „Ich gehöre dir, meine Liebste."

„Ich war immer dein, und ich habe dich nie verlassen", antwortete ich.

Zurück nach Massachusetts
23. September 2018

Colby

Die Zeit kam, als Keely in ein Flugzeug steigen musste, um zurück nach Massachusetts zu fliegen. Keiner von uns wollte den anderen gehen lassen. Dieses Mal jedoch würden wir den anderen nicht entkommen lassen.

Keely

Ich wartete draußen unter einem Vordach und schaute zu, wie der Regen fiel. Colby fuhr mit seinem Truck vor und ich fühlte wie die Realität der Situation uns einholte. Er fragte mich, wie es mir geht, und ich fing sofort an zu weinen. Er hielt liebevoll Raum für mich und erinnerte mich an die Wahrheit.

„Unsere Liebe ist grenzenlos und sie verlässt uns nie", beruhigte mich Colby.

Ich dankte ihm und arbeitete durch meine Gefühle hindurch. Als wir am Flughafen ankamen, begann Colby zu schluchzen. Ich tröstete ihn und hielt Raum, während wir uns umarmten. Ich wusste, dass alles gut ausgehen würde. Ich erinnerte mich an die Worte unserer Lehrer: „Die Liebe scheitert nie." Ich wiederholte sie laut. Wir umarmten und küssten uns, und weinten zusammen. Dann sagte mir Gott, dass es Zeit war. Endlich war es an der Zeit, Colby das Buch zu geben, das ich ihm schon immer geben wollte. Mein Lieblingsbuch ALLER Zeiten: *Dualseelen: Finde Deinen Ultimaten Geliebten* von Jeff und Shaleia.

Ich sagte ihm, dass Jeff und Shaleia der Grund für unser Zusammenkommen sind. Ohne sie hätte ich keinen Weg gefunden, um wirklich zu heilen. Ich versicherte ihm auch, dass das Buch helfen würde, unsere Beziehung zu verstehen. Er lächelte, während er dankbar mein Geschenk annahm.

Colby legte seine Hand auf mein Herzzentrum und sagte: „Meine Liebe ist genau hier, wann immer du sie brauchst. Du kannst mich immer hier finden." Ich dankte ihm und sagte ihm, wie sehr ich ihn liebte und dass ich sehr bald zurückkommen werde.

„Diese Verbindung ist unzerstörbar. Wir sind eins", sagte ich, als ich seinen Truck verließ. Später während meines Fluges erhielt ich eine Nachricht von Colby, in dem er eine Passage aus dem Buch von Jeff und Shaleia teilte: „Glücklichsein und Freude kommen niemals später, wenn du etwas bekommst, es ist eine Entscheidung und eine Einsicht, die du nur jetzt in deinem Innern erleben kannst." Später bemerkte ich, dass ich auf genau derselben Seite war.

Einheit
27. September 2018

Keely

Die nächsten paar Tage waren hart. Ich versuchte zu arbeiten und auszupacken, aber ich konnte nicht. Mein Fokus lag darauf, wie ich wieder nach Portland zurückkehren konnte. In diesem Moment wurde mir klar, wie sehr ich mich vom Leben zurückgehalten hatte. Gott unterstützte meine Dualseeleneinheit vollkommen und hatte es immer getan. Das Einzige, was mich zurückhielt, war meine Entscheidung. Ich entschied mich dafür, das Leiden zu beenden. Ich entschied mich, mein ganzes Herz Gott, mir selbst und meiner Dualseele zu verpflichten.

Einige Minuten später erhielt ich eine Nachricht von Colby mit der Frage, ob wir telefonieren könnten. Ich erzählte ihm alles über meinen Zusammenbruch und meinen Durchbruch, und dass ich es satt hatte, mich von der Liebe fernzuhalten. Er schätzte meine Ehrlichkeit sehr und teilte ähnliche Empfindungen. Ich sagte ihm, dass ich mich voll und ganz Gott, ihm und unserer Einheit verpflichtet hatte, und er wiederholte dasselbe mir gegenüber. Dann veranlasste mich Gott, ihn etwas zu fragen, was ich ihn schon immer fragen wollte.

„Also Gott bat mich, dich zu fragen, ob ich dich meinen festen Freund nennen darf?" Ich fragte unbeholfen.

Er kicherte: „Natürlich. Solange ich dich meine Frau nennen darf", sagte er selbstbewusst.

Und so war es. Frieden überkam uns, als wir beide Erleichterung durch dieses tiefere Commitment fühlten. Es war genau das, was wir beide uns die ganze Zeit gewünscht hatten.

Nachdem ich mein Update im Twin Flames Universe: Open Forum auf Facebook gepostet hatte, konfrontierte mich Jeff mit meiner Wahl der Trennung von meiner Dualseele. Er fragte: „Warum nicht hingehen, und mit deinem Mann zusammen sein?"

Ein Bündel von Ausreden kam mir in den Sinn. Ich hatte mich bereits für die gesamte Anbausaison auf der Farm, auf der ich arbeitete, verpflichtet. Ich war auch kurz davor, meinen neunmonatigen Kräuterkurs abzuschließen und brauchte nur noch eine weitere Klasse. Dann dachte ich an meine Familie und wie sehr sie meine Gegenwart und die zusätzliche Unterstützung die ich ihnen gab, vermissen würden. Nachdem ich meine Ausreden aufgelistet hatte, erkannte ich, dass dies meine Prüfung war. Ich hatte mich gerade dafür entschieden, mit meiner Einheit aufs Ganze zu gehen. Würde ich meine Einheit an erste Stelle setzen oder mein Leben auf Eis legen, um andere Menschen zu besänftigen? Ich wählte Einheit.

Am nächsten Tag informierte ich meine Arbeitsstelle, meine Familie und meinen Lehrer über meine Entscheidung. Die Entscheidung mag ihnen „plötzlich" vorgekommen sein, aber ich wusste in meinem Herzen, dass dies die einzig wahre Entscheidung war. Mit Colby zusammen zu sein, war meine oberste Priorität, und ich würde diesmal nicht zulassen, dass dem irgendetwas in den Weg kommt. Die nächsten Wochen bestanden darin, dass ich ein Budget erstellte, mein Auto verkaufte, mein Zimmer zusammenpackte, nach Jobs in Portland suchte und mit meinem Liebsten sprach.

Colby

Wir telefonierten jeden Tag, manchmal stundenlang. 2.000 Meilen konnten uns nicht voneinander fernhalten. Während unserer zahlreichen Gespräche teilte Keely die Lehren von Jeff und Shaleia mit mir. Ich fragte nach den Zugangsdaten für ihre Klassen der Twin Flame Ascension School und tauchte sofort hinein.

Als ich Jeff und Shaleia das erste Mal in den aufgezeichneten Klassen sah, war es, als würde ich jemanden sehen, den ich zwar gekannt, aber schon sehr lange nicht mehr gesehen hatte. Ich erkannte sie wieder. Ihre Worte durchdrangen jede Zelle in meinem Körper. Ich wusste, dass sie meine Lehrer waren.

Keely lud mich ein, ein Mitglied von Twin Flames Universe: Open Forum auf Facebook zu werden, und ich wurde mit offenen Armen empfangen. Ich war noch nie zuvor Teil einer solch unterstützenden Community gewesen.

Damit Keely nach Portland zurückkommen konnte, musste sie quer durchs Land fliegen, ohne einen Job oder einen Ort zum Leben zu haben. Es war ihr nicht möglich, bei mir einzuziehen, deshalb plante sie, in Airbnbs zu bleiben, bis wir etwas anderes herausgefunden hatten. Dies erforderte großes Vertrauen. Keely und ich entschieden uns, zu vertrauen.

Ich hatte viele Zweifel, ob dieser Schritt funktionieren würde oder nicht. Ich hatte Angst, dass Keely keinen Job finden und all ihre Ersparnisse ausgeben würde und dann kein Geld und keinen Ort zum Leben hätte. Aber Keely versicherte mir immer wieder, dass alles gut werden würde.

„Gott steht hinter uns", sagte sie.

Ich spürte die Wahrheit ihres Empfindens und stimmte ihrem Plan zu. Kurz danach holte ich Keely am Flughafen von Portland ab. All unsere Ängste schmolzen dahin, als wir uns wieder einmal umarmten.

Endgültig zurück
November 2018

Colby

Wir hatten in den letzten zwei Jahren so viel durchgemacht. Jetzt waren wir zusammen, und wir wussten, dass wir zusammenbleiben würden. Es gab nichts, was wir beide mehr wollten.

Als die Tage vergingen, begann sich die Realität unserer Situation abzuzeichnen. Keely musste schnell einen Job bekommen, und wir mussten einen Ort zum Leben finden. Wir gerieten nicht in Panik. Wir hatten Vertrauen in die Stärke unserer Beziehung und in die Kraft unseres Schöpfers.

Alles, was wir brauchten, um unterstützt zu sein, fing an, sich von selbst zu ergeben. Keely bekam genau den Job, den sie wollte, und wir begannen nach einem Zuhause zu suchen. Wir hatten mehrere Faktoren, die bei unserer Suche nach einem geeigneten Zuhause gegen uns arbeiteten. Dennoch blieben wir hartnäckig, reichten Bewerbungen ein und besichtigten mehrere Häuser. Keines davon schien zu passen, also setzten wir unsere Suche fort.

Egal was auch geschah, wir verloren nie die Hoffnung. Wir warfen nie das Handtuch und sagten: „Das ist zu schwer." Aufgeben war keine Option. Also blieben wir hartnäckig.

Es dauerte nicht lange, bis wir eine brauchbare Option fanden. Wir kontaktierten den Vermieter und machten eine Besichtigung. Es war keinesfalls perfekt, aber der Vermieter war schnell bereit, unsere Anträge zu genehmigen und uns den Mietvertrag zu schicken. Wir unterzeichneten, bezahlten und erhielten die Schlüssel. Und schon zogen wir ein.

Wir fühlten uns, als hätten wir gerade einen Zaubertrick vollbracht. Da war dieses Gefühl, die schwierigsten Umstände überwunden zu haben, die wir beide je erlebt hatten. Endlich fühlten wir uns, als könnten wir uns entspannen. Unsere Beziehung hatte den Test der Zeit und Not überstanden. Wir feierten unsere erste Nacht in unserem neuen Zuhause in Hochstimmung, als ein junges Paar, das sich in ein Leben der Liebe und Erfüllung niederließ. Nichts konnte uns aufhalten.

Zusammenleben als Einheit
Dezember 2018

Keely

Colby und ich schliefen in der ersten Nacht des Zusammenlebens auf einer aufblasbaren Doppelmatratze. Unser Budget war anfangs knapp, weil ich drei Wochen warten musste, bis ich von meinem neuen Arbeitgeber bezahlt wurde. Als wir uns einlebten, schafften wir es, eine günstige Queensize-Matratze auf Craigslist zu finden. Es war ein ziemliches Upgrade.

Eines Tages kam ich von meiner üblichen Frühschicht nach Hause und fand einen Tisch und Stühle in der Küche vor, und unser Bett war für mich gemacht. Colby wusste, dass ich normalerweise ein Nickerchen machte, wenn ich von der Arbeit nach Hause kam, damit ich mich ausruhen konnte, bevor ich ihn nach seiner Nachtschicht abholen musste. Ich fühlte mich so geliebt und von Gott unterstützt. Mit meiner Dualseele zu leben ist so einfach und fließend.

Als wir unsere innere Arbeit fortsetzten und uns weiter vorwärts bewegten, wurde uns von unseren Gurus Jeff und Shaleia ein Wunder beschert. Sie riefen die Twin Flames Universe Community dazu auf, zusammenzukommen, um unsere Einheit finanziell zu unterstützen. Auf Geheiß von Jeff und Shaleia wurde eine Spendenaktion gestartet, und über 5.000 Dollar wurden uns gespendet. Wir konnten die immense Großzügigkeit unserer Community und die immense Liebe, die wir erhielten, nicht glauben. Und doch waren wir da und empfingen alles. Wir nahmen das Geld dankbar an und setzten es ein, um unsere Schulden zu bezahlen und ein Zuhause zu erschaffen. Die Unterstützung, die wir durch diese Geldsumme erhielten, war nicht nur materieller, sondern auch spiritueller Art. Unser Leben wurde durch Jeff und Shaleia erneut transformiert. Dies ist nur ein Beispiel von vielen.

Unser Vorgehen war diesmal schnell und entschlossen. Wann immer es eine Entscheidung zu treffen gab, haben wir sie getroffen. Wir haben nie mit dem Ego herumgespielt und uns mit seinen Lügen aufgehalten. Es gab nur einen Weg, dem es zu folgen galt: Liebe. Wenn dieser Weg von Wildnis verborgen war, zogen wir unsere Macheten und hackten unseren Weg hindurch. Es gibt keine Kraft im Universum, die uns aufhalten kann, am wenigsten unser eigener Verstand. Wir lassen unser Bestreben los, jemand anderes zu sein als der, wer wir jetzt sind, denn wer wir in diesem Moment sind, ist perfekt.

Der Glaube, sowohl an unsere eigenen Fähigkeiten als auch in unsere Beziehung zu Gott, hat uns zu großen Dingen geführt. Aber wir wären auf keinen Fall hier, wenn es unsere Gurus Jeff und Shaleia nicht gäbe. Durch die Dunkelheit schienen sie ein Licht. Durch die Wellen zeigten sie uns das Land. Durch das Leiden zeigten sie uns die Liebe. Egal, wohin wir gehen oder was wir tun, unser Erfolg wird immer ihr Erfolg sein.

Einer unserer größten Erfolge war das Erreichen unserer Harmonischen Dualseeleneinheit. In unserer ersten Live-Klasse mit Jeff und Shaleia im Dezember 2018 wurde uns das Wunder der Harmonischen Einheit geschenkt. Ein Gefühl der Glückseligkeit und Harmonie überkam uns beide, als wir dasaßen und all unseren Mitschülern zuhörten, wie sie beschrieben, was die Harmonische Einheit definiert. Unsere Beharrlichkeit durch unseren Kampf hindurch hatte uns so viele Wunder gebracht, eines größer als das andere. Jetzt standen wir kurz davor, das Größte von allen zu empfangen. Die Erkenntnis, dass wir in der Harmonischen Einheit waren, brachte uns so viel Frieden und Freude, da wir verstanden, wofür all unsere Bemühungen gewesen waren. Wir waren endlich zu Hause angekommen.

Bei jeder Wendung und durch jedes Ärgernis hindurch, gingen wir weiterhin tiefer und wählten Liebe. Egal, was es kostete, egal, was wir loslassen mussten, wir richteten unseren ganzen Fokus auf Gott und die Liebe. Und wir empfingen die Belohnung für unsere Hingabe.

Die Harmonische Dualseeleneinheit zu erreichen war mein Traum, von dem Moment an, als ich die Schule von Jeff und Shaleia betrat. Ich wusste, dass es für mich bestimmt war, genau wie sie immer und immer wieder sagten. Es war meine Beziehung zu Gott, die mich durch jede Herausforderung brachte. Er führte mich direkt zu Jeff und Shaleia, und sie führten mich direkt in die Arme meines Liebsten.

Die Verlobung
27. Januar 2019

Keely

Einen Monat später waren wir verlobt und wollten heiraten! Colby machte mir unter einer riesigen Douglastanne im Wald nahe der Küste von Oregon einen Heiratsantrag. Es war absolut perfekt. Unser gemeinsames Leben wurde nur stärker, während wir unsere Beziehung zu Gott weiter vertieften.

Colby plante den perfektesten Tag für uns. Wir starteten unseren Tag im Tillamook State Forest und wanderten für ein paar Stunden umher. Es war magisch. Gegen Ende unserer Wanderung kamen wir an eine Weggabelung. Dort raubte mir eine große Fichte mit wunderschönem grünen Moos, das von ihr herabhing, den Atem. Mein Mund blieb offen stehen, als ich die himmlische Gegenwart Gottes fühlte, wie sie durch die großen Äste des Baumes floss und mich einlud. Colby begann, etwas aus seiner Tasche zu nehmen, und ich fragte ihn, ob er ein Foto machen würde. Er lächelte und sagte „nein" und zog stattdessen ein Schmuckkästchen hervor. Sofort begann ich zu weinen. Ich wusste genau, was passierte (tatsächlich wusste ich es schon seit einer Weile... es ist schwer, Geheimnisse vor seiner Dualseele zu bewahren, lol). Er kniete nieder und bat mich, ihn zu heiraten. Natürlich sagte ich „ja", und ich weinte noch mehr, als er mir einen wunderschönen blauen Saphirring an meinen Ringfinger steckte. Wir umarmten uns und hielten uns noch ein paar Augenblicke lang fest, während wir weinten. Das war alles, was ich mir je gewünscht hatte, und noch mehr. Ein echter Traum wurde wahr.

Der große Tag
September 2019

Colby

Genauso wie wir uns unter einem Baum verlobten, wurden wir unter einem Baum verheiratet. Ein leichter Nieselregen fiel auf Keely und mich, als wir uns an den Händen hielten und uns darauf vorbereiteten, uns gegenseitig als Mann und Frau zu verpflichten.

Keely

Genau ein Jahr, nachdem wir in die Dualseeleneinheit kamen, entschieden Colby und ich, zu heiraten. Das vergangene Jahr kam mir wie das kürzeste Jahr meines Lebens vor. Es war gefüllt mit einigen der herausforderndsten und wunderbarsten Momente, die ich je erlebt habe. Unsere Aufstiegsreise hatte sich seit unserem Zusammenleben stark beschleunigt. Wir behandelten jeden Tag als einen Tag, an dem wir mit der Liebe tiefer gehen konnten. Und das ist genau das, was Gott uns am 29. September 2019 aufgerufen hat, zu tun.

Wir wünschten uns eine wirklich einfache und friedliche Hochzeit. Sie war perfekt dafür, wo wir uns in unserem Leben befanden. Eine große Hochzeitsfeier mit vielen Gästen und Ausgaben war zu diesem Zeitpunkt einfach nicht mitfühlend.

Gott sagte mir immer wieder, dass Colby und ich im September heiraten würden. Ich habe nicht wirklich gesehen, wie das möglich sein würde, aber Gottes Plan ist immer so einfach und klar, wenn wir entscheiden, uns ihm hinzugeben. Die kleine Hochzeitsfeier war alles, was wir uns für unseren besonderen Tag wünschten. Unsere Offiziantin war so liebevoll und freundlich. Sie half uns, den perfekten Ort zu finden, um im Freien zu heiraten, in der Nähe des Wassers und unter den Bäumen. Sie war geduldig und verständnisvoll mit unseren vollen Terminkalendern und ermutigte uns, das zu tun, was sich in unseren Herzen am besten anfühlte.

Colby und ich beschlossen, unsere Gelübde nicht vorher zu schreiben. Wir wollten beide frei aus unserem Herzen sprechen. Ein starkes Gefühl der Vollendung erfüllte unser Wesen, als wir uns gegenseitig in die Augen sahen.

„Oohhhhh", gurrte Avalyn, als wir uns zu unserer unbestreitbaren Liebe füreinander bekannten. Alle kicherten.

Mutter Natur schaute zu, als wir die Vereinbarung zum Leben unserer Träume besiegelten. Während wir unsere Gelübde teilten, hörte ich ein „Quaken" und schaute hinunter, um zu sehen, wie eine Entenfamilie eintraf, um unserem besonderen Moment beizuwohnen. Auch Avalyn war von den Enten sehr amüsiert.

Nachdem die Zeremonie vorbei war und alles gesagt und getan war, gingen Colby und ich zurück zu unserem Haus, um uns auszuruhen und zu erden. Wir feierten zu Hause mit einem herrlichen Sushi-Abendessen und entspannten uns für den Rest des Abends auf der Couch. Abgesehen von der inneren Aufruhr, fühlten wir uns wirklich friedlich und geerdet in unserer Entscheidung, unsere Ehe offiziell zu machen. Es fühlte sich extrem befreiend an, sich mit dem in Einklang zu bringen, was wir in unseren Herzen wussten.

Colby fragte mich, ob ich mir vor einem Jahr hätte vorstellen können, ihn zu heiraten. Meine Antwort war „Nein", aber wegen meiner spirituellen Lehrer Jeff, Shaleia und Grace wurden all meine Zweifel und Ängste meine Wahre Dualseele zu heiraten, vollständig aufgelöst. Im Königreich des Himmels gibt es keinen Raum für Zweifel. Alles, was du dir wünschst, gehört bereits dir. Du brauchst nur den Lehren von Jeff und Shaleia zu folgen und es einzufordern.

Unsere Herzen sind erfüllt

Keely

Wir fühlen eine tiefe Bestimmung darin, unsere Harmonische Dualseeleneinheit und unsere Ehe mit der Welt zu teilen. Ein Ascension Coach zu sein, war schon immer ein Traum von mir. Ich freue mich über den Erfolg anderer und empfange so viel Heilung von jeder Sitzung. Alle unsere Klienten sind perfekt. Sie lehren uns so viel über Gott und geben uns immer das nächste Stück, an dem wir arbeiten können. Ohne diese Arbeit zu teilen, wäre ich verloren. Ohne deine Berufung hat es keinen Sinn, mit deiner Dualseele zusammen zu sein. Die Lehren von Jeff und Shaleia zu teilen, bringt uns beiden tiefen und erfüllenden Frieden. Es füllt uns auf.

Anderen dabei zu helfen, in die Harmonische Dualseeleneinheit zu kommen, hat unserer Einheit einen Sinn gegeben und ist wirklich der einzige Grund, warum wir noch zusammen sind. Unser Coaching-Business hat uns auch viel Fülle in Form von Wohlstand gebracht. Wir sind gesegnet, dass wir von zu Hause aus arbeiten, unseren eigenen Zeitplan erstellen und jeden Tag an der Heilung durch diese Arbeit beteiligt sind. Es vergeht kein Tag, an dem wir nicht sowohl für unsere Klienten als auch für uns selbst arbeiten und heilen. Es ist ein Teil von dem, was wir sind.

Aspen
November 2019

Keely

Kurz nachdem wir geheiratet hatten, schenkte uns eine Gruppe unserer treuen Klienten eine All-Inclusive-Reise nach Aspen, Colorado. Wir fühlten uns zutiefst geehrt von der Großzügigkeit unserer Freunde und Klienten. Colby, Avalyn und ich waren gerade von einem Familienausflug zum Apfelpflücken zurückgekehrt und trafen die Entscheidung, unsere Familie noch tiefer einzufordern, als wir das Geschenk erhielten. Die geschenkte Reise war für Colby und mich dazu gedacht, unsere Ehe zu erden, mit der sehr großzügigen Option, Avalyn mitzubringen. Wir entschieden uns dafür, Avalyn auf einer tieferen Ebene einzufordern und dieses riesige Geschenk mit ihr zu teilen.

Colby

Die Reise war großartig. Aspen war absolut atemberaubend, und unser Zimmer war elegant und sehr unterstützend. Sowohl ich als auch Avalyn fuhren zum ersten Mal Ski, und Keely gab mir einige gute Tipps. Wir waren in einer wunderschönen Präsidentensuite untergebracht, die über zwei Schlafzimmer verfügte und neben einem Pool und einem Whirlpool in einem 4-Sterne-Skigebiet lag. Wir hatten buchstäblich ALLES, was wir brauchten. Wir flogen Erster Klasse (zum ersten Mal für mich und Avalyn), erhielten reichlich Unterstützung vom Resort, aßen gesundes Essen und taten viel spirituelle Arbeit, während unsere Klienten und Freunde uns unterstützten. Ich fühlte mich manchmal unwürdig, aber ich wusste, dass meine Prüfung darin bestand, Gottes Liebe hier zu empfangen. Gott liebt uns wirklich. Uns alle. SEHR. Es ist sicher und normal, so viel Liebe zu empfangen und Armut und Missbrauch hinter sich zu lassen. Genau genommen ist es verrückt, sich dagegen zu wehren.

Diese Reise hat uns die Augen für die Wahrheit unseres Wohlstands geöffnet. Wir sind nicht dazu bestimmt, arm zu sein. Wir sind dazu bestimmt, reich zu sein, und es ist eine einfache Aufgabe, sich dieser Realität zu öffnen. Der Aufenthalt in Aspen zeigte uns die Leichtigkeit dieser Aufgabe.

Während wir uns auf einer tieferen Ebene für uns selbst verpflichteten, wurden wir uns auch unserer Beziehung zu meiner Tochter Avalyn bewusster. Unabhängig davon, ob Keely Avalyns biologische Mutter ist, sind wir beide ihre Eltern. Avalyn sieht Keely als ihre Mutter und Keely sieht Avalyn als ihre Tochter an. Ich fühle mich absolut gesegnet, eine Frau zu haben, die sich so sehr dafür einsetzt, Avalyn die Kindheit zu schenken, die sie sowohl braucht als auch verdient hat.

Wir wenden die Lehren von Jeff und Shaleia auf jeden Aspekt unseres Lebens an. Dasselbe Kernprinzip: „Liebe dich selbst" ist zutiefst auf die Kindererziehung anwendbar. Wenn wir uns selbst lieben und uns selbst geben, was wir brauchen, fließt diese Liebe ganz natürlich und reichlich in Avalyns Leben über. Wir sind nur dann in der Lage, auf die Bedürfnisse von Avalyn zu achten, wenn wir auch auf unsere eigenen achten. Wir lernen, wie wir Eltern sein können, aber nicht irgendwelche Eltern, wir lernen, wie wir Göttliche Eltern sein können.

Göttliche Eltern zu sein erfordert ein Bewusstsein unserer eigenen Göttlichkeit. Wie können wir erwarten, jemanden zu seiner Göttlichen Natur zu führen, wenn wir mit unserer eigenen nicht in Kontakt sind? Unsere Lektionen in der Kindererziehung waren Lektionen im Kennenlernen von uns selbst. Wir haben unsere Erwartungen darüber losgelassen, wie Eltern sein sollten, und uns stattdessen entschieden, Gottes Führung zu vertrauen. Wir haben gelernt, zuerst in uns selbst zu investieren und nur aus einer aufrichtigen Beziehung heraus, an Avalyn zu geben. Das wiederum hat Avalyn ermächtigt, ihre eigenen Entscheidungen zu treffen und ihre eigene Göttlichkeit zu umarmen.

Unser Leben erweitert sich ständig

Keely

Unser jüngster Familienzuwachs ist ein wunderschöner Deutscher Schäferhund-Welpe namens Teyla. Sie liebt es, im Gras zu spielen, Lavendelblüten zu fressen, Fußbälle zu jagen, auf ihrem Spielzeug zu kauen und mit ihrer Familie zu kuscheln. Wir wussten sofort, dass Teyla die Richtige war. Sie wollte nicht von meiner Seite weichen. Als ich sie Colby übergab, schmolz sie in seinen Armen und leckte sein Gesicht ab.

Colby und ich lieben es, Hundeeltern zu sein. Wir haben wirklich großartig als ein Team gearbeitet, unser Haus eingerichtet und uns in unserer neuen Routine eingelebt. Ich liebe es, mehr nach draußen zu gehen und früher aufzuwachen. Teyla liebt Avalyn über alles, und Avalyn ist sehr glücklich, einen Spielkameraden zu haben. Es fühlt sich wirklich gut an, einen Hund zu haben, der mit der Familie aktiv sein und uns allen tiefere Disziplin beibringen kann.

Wenn wir wachsen und expandieren, können wir anderen dabei helfen, das Gleiche zu tun. Je mehr wir uns selbst unterstützen, desto mehr können wir alle unsere Beziehungen unterstützen. Jeff und Shaleia lehren, dass wir im Königreich des Himmels leben. Die Harmonische Dualseeleneinheit ist eine tiefe Anerkennung dieser Wahrheit in allen Bereichen unseres Lebens.

Es gibt jetzt so viel Freude in unserem Leben. Wir haben wahrlich einen Zustand des überfließenden Wohlstands erreicht. Bei der Arbeit spüren wir jeden Tag die Gegenwart Gottes, die uns durch jede Aufgabe führt. Wir leben das Leben unserer Träume, und es war leicht zu erreichen, indem wir den Lehren von Jeff und Shaleia folgen.

Während unserer gesamten Reise hatten wir etliche Momente von Zweifel und Unsicherheit. Momente, in denen wir glaubten, dass wir von Gott verlassen wurden. Als diese Zweifel aufkamen, dachten wir, es sei das Ende der Welt. Wir ließen uns von diesen Zweifeln sogar auf die entgegengesetzten Enden der Vereinigten Staaten einschränken. Es schien, als wäre unser Leben beendet.

Doch durch die Arbeit von Jeff und Shaleia haben wir den Weg zurück in unsere Herzen gefunden. Dort fanden wir die Stärke und Wahrheit, die wir brauchten, um den Schleier des Leidens zu durchschauen. Gott sagte uns, dass wir dazu bestimmt sind, zusammen zu sein. Wir hörten ihm zu. Dann handelten wir.

Wir haben uns entschieden, unsere Harmonische Dualseeleneinheit einzufordern. Wir haben uns dafür entschieden, Ego loszulassen und nur nach dem Glück zu streben. Wir haben vor nichts Halt gemacht, um unsere Träume zu verwirklichen.

Durch jede Blockade, durch jede Herausforderung hindurch haben wir weiter zugehört. Hindernisse wurden überwunden und eines nach dem anderen bewältigt. Es gab nichts, was uns davon hätte abhalten können, zusammen zu sein. Unsere Hartnäckigkeit und unsere Entschlossenheit haben den Kampf gegen unsere Ärgernisse gewonnen.

Wir heilten jede noch so kleine Trennung, die uns voneinander fernhielt, und wir entschieden uns, sie durch das Anwenden der Spiegelübung und durch eine solide Beziehung zu Gott zu überwinden. Wir ließen das alte, schmuddelige Haus mit einem betrügerischen Vermieter für ein großes, sauberes und unterstützendes Zuhause hinter uns. Wir hatten das Gefühl, dass unser Auto für unsere wachsende Familie zu klein war, also kauften wir einen Mercedes SUV. Unsere Einheit stand vor Blockaden in Sachen Romantik, also heilten wir sie. Unser Business brauchte mehr Kunden, also manifestierten wir sie. Es gibt keinen Bereich in unserem Bewusstsein, in den wir nicht investiert und uns drastisch verbessert haben.

Aber es sind nicht nur wir, die sich bemühen. Im Herzen all dieser Verbesserung ist Gott. Die Geschenke, die wir erhalten haben, sind ein bescheidener Hinweis auf die unendlich reiche und wohlhabende Beziehung, die wir mit Gott gewählt haben. Unser Fundament ist nicht der Mercedes oder das schöne Haus. Es ist unsere Beziehung mit Gott. Das ist es, was uns befähigt, in allem, was wir tun, erfolgreich zu sein.

Egal, welche Schwierigkeiten uns begegneten, wir kehrten Gott nie den Rücken zu. Und jetzt genießen wir die Früchte unserer Beziehung mit Ihm. Jedoch ist diese einfache Beziehung zu Gott unsere Quelle der Freude und des Glücks. Und wir genießen sie in unendlicher Fülle.

Während wir unsere Reise fortsetzen, ruhen wir wohl wissend, dass alles gut ist und sich um alles gekümmert wird. Dies ist die

Natur einer gesunden Beziehung zu deinem Schöpfer.

Mit dieser Arbeit wundere ich mich ständig, wie sich mein Leben so perfekt entfaltet. All meine wildesten Träume werden wahr. Von der Hochzeit mit meiner einzig wahren Liebe bis zur Erfüllung meines Traumes, ein spiritueller Heiler zu sein, in ein schönes neues Haus zu ziehen, Avalyn eine Kindheit zu schenken, von der ich nur träumen konnte, einen neuen Welpen zu bekommen und unseren ganz eigenen Mercedes Benz zu kaufen. Unser Leben hat sich vollkommen zum Besseren gewandelt. Wir sind gesegnet, diese Geschenke mit allen zu teilen, und wir segnen auch dich, den Leser, und deine Harmonische Dualseeleneinheit.

Dualseelenaffirmationen

ANMERKUNG: Dies sind keine gewöhnlichen Affirmationen. Diese Affirmationen sind unmittelbar aus der Göttlichen Quelle gechannelt. Sie sind erfüllt von Göttlicher Liebe und Göttlicher Heilungsenergie. Wiederhole jede von ihnen einmal aus der Mitte deines Herzens, und du wirst ihre volle Wirksamkeit erleben. Du brauchst sie nicht noch einmal zu wiederholen, nachdem du dich entschieden hast, jedoch findest du vielleicht Freude und Vergnügen daran, sie regelmäßig nach Belieben zu wiederholen.

„Ich entscheide mich dafür, in Dauerhafter Harmonischer Einheit mit meiner Wahren Dualseele zu sein."

„Ich gebe mein Leben Gottes Liebendem Weg hin. Ich entscheide mich dafür, Gottes Liebenden Weg zu sehen, zu erkennen und vollkommen zu akzeptieren, sobald er mir präsentiert wird. Ich entscheide mich dafür, Gottes Liebendem Weg mit absolutem Vertrauen, Verpflichtung, Hingabe, Disziplin und Freude zu folgen. Ich vertraue Gott, dass er mir Den Weg zeigt."

„Ich gebe mich vollständig der Warmherzigen Umarmung der Liebe hin. Ich vertraue, dass die Liebe mich führen und beschützen wird, und ich bewahre und leite nur Liebe in jeden meiner Gedanken, Worte, Entscheidungen und Taten. Ich bin in jedem Moment Eins mit der Liebe, jetzt und bis in alle Ewigkeit."

„Ich bin Gottes Perfekter Kanal. Wann immer Gott mich ruft, werde ich sprechen, handeln und entscheiden, wie mein Schöpfer es von mir wünscht. Ich lasse mich sofort von Gottes Liebender Führung leiten, ohne Zögern oder Trägheit. Ich bin in meiner Liebe zu Gott vollkommen."

„Ich entscheide mich dafür, meine Dualseele jetzt zum Zweck der Perfekten Einheit und meines Aufstiegs zu manifestieren. Ich entscheide mich dafür, mich vollständig auf meine Perfekte Einheit auszurichten und alle notwendigen Schritte zu unternehmen, um dauerhaft meine Perfekte Einheit bis in alle Ewigkeit nachhaltig sicherzustellen. Ich bin Eins mit meiner Dualseele, und gemeinsam entscheiden wir uns dafür, eine Ewigkeit der liebenden Freude mit Gott als Eins zu genießen."

„Ich gehe jeden Schritt auf meiner Aufstiegsreise mit Frieden, Freude, Leichtigkeit und liebevoller Perfektion. Ich gebe jeglichen Widerstand auf und arbeite mich geduldig durch jeden Schritt hindurch, sobald er aufkommt. Ich bin jetzt Eins mit Gottes Liebe."

Dualseelengedichte

Wie die Liebe sieht

In der aufblühenden Knospe meines Herzens
Verströmt die Liebe ihren süßen Duft in die Welt
Da ich mich nur der Liebe öffne
Empfange ich nur Liebe
Und ich gebe nur Liebe

Weiterhin berauscht von der Gegenwart makelloser Perfektion
und Schönheit
Bin ich verzückt und verkörpert durch den süßen Nektar meiner
wahren Liebe

Ich sehe jetzt, wie die Liebe sieht
Ich höre jetzt, wie die Liebe spricht
Ich fühle jetzt, wie die Liebe fühlt
Ich verstehe jetzt, wie die Liebe versteht

Das, was ich in anderen suchte
Habe ich in mir selbst gefunden
Habe ich in Gott gefunden

geschrieben von Shaleia
ein paar Tage vor ihrem ersten Wiedersehen mit Jeff in 2014

Die Liebe war immer da

Ich wusste es zuerst in meinem Herzen,
in dem Moment als ich den Wunsch erkannte,
Das Gefühl von Liebe.

Ich spürte es zuerst in meiner Mitte, und ich wusste es.
Alles, was ich wusste, war, dass ich es wusste.
Das Gefühl von Liebe.

Dann vergaß ich es irgendwo entlang des Weges,
ich streifte es ab, ließ es entgleiten.
Die Wahrheit der Liebe.

Und mein Leben schmerzte.
Das Leben schmerzte mich, es schmerzte zu leben.
Aber ich lebte weiter.
Ich lebte weiter, um meine Liebe zu finden.

***

Ich hatte vergessen, wie es war, zu Lieben,
aber die Liebe flüsterte mir zu,
den ewigen Ruf der Liebe.

Die Liebe hat mich immer eingeladen, nach vorne,
wo die Perfekte Liebe wartete.

Ich suchte weit und breit,

unter jedem Stein und Schatten eines Baumes,
und dennoch fühlte sie sich weit entfernt an,
Doch der Ruf der Liebe blieb in mir.

Die Liebe schien immer so nah, doch sie bewegte sich nie,
immer wartend und gegenwärtig in ihrem beständigen Flüstern.
Die Liebe war immer da.

***

Als ich endlich begann, mich nach innen zu wagen,
fand ich Dinge, die mir nicht gefielen,
aber ich blieb stark im Glauben.
Die Liebe führte mich hindurch.

Ich berührte Dinge, die ich weggeworfen hatte,
und ich stellte sie schließlich an ihren Platz.
Die Liebe stärkte mich entlang des Weges.

Und als ich wieder nach Hause zur Liebe kam,
wusste ich, dass ich es war, der gegangen war,
aber eine Sache hat sich nie geändert:
Die Wahrheit, dass die Liebe immer bleibt.

Jetzt weiß ich, ich gehe nie wieder fort, ich irre nie wieder herum,
denn mit der Liebe gehe ich überall hin und ich weiß,
die Liebe wird im Inneren gefunden.

geschrieben von Jeff
im Mai 2017

Nachwort

Erinnere dich, nur die Liebe ist wahr, und die Liebe scheitert *nie*.

Es gibt ein Problem, auf das du jetzt stoßen wirst, da du das Buch beendet hast. Vielleicht wirst du nicht darauf stoßen, weil du schon ein unglaublich weiterentwickelter spiritueller Meister bist, der nur einen leichten Dreh in die Liebe benötigt, und danach wird alles gut für dich. Aber vielleicht brauchst du darüber hinaus ein wenig mehr Unterstützung. Die Wahrheit ist, dass die Gesamtheit der Arbeit vor dir in diesem Buch ausgebreitet ist. Nichts wurde ausgelassen. Nichts fehlt. Alles ist hier. Mehr brauchst du nicht. Das Herzstück der Arbeit gehört jetzt dir. Das eigentliche Problem ist deine Programmierung.

Wie du siehst, auch wenn dieses Buch unendliche Macht besitzt, ist es doch nur eine winzige Festung unerschütterlicher Informationen, die sich liebevoll und unermüdlich den Illusionen, an denen du festhältst, entgegenstellt. Dein Verstand ist groß und unermesslich und wahrscheinlich mit vielem gefüllt, das der Liebe, die in diesem Buch offenbart wird, im Wege stünde, was deine Illusion der Trennung von deiner Dualseele für Ewigkeiten aufrechterhalten würde.

Wir haben dies bereits vorhergesehen und haben sorgfältig daran gearbeitet, dir ein größeres Gesamtwerk zu bieten, ein unglaubliches und reiches Erlebnis, das die Illusionen, die du vielleicht noch festhältst, überwältigen wird und dich elegant zurück in die Perfekte Einheit mit deiner Dualseele führt. Wir sind nicht hier, um dir nur eine kleine Öffnung zum Himmel anzubieten, sondern einen Vortex unwiderstehlicher Liebe, der alle Illusionen auflöst. Die Materialien, die du nach dieser Seite finden wirst, werden dein Leben auf noch wirkungsvollere, unterstützende Weise transformieren, als es die Seiten eines Buches vermögen.

Je mehr du dich auf deiner Reise des Dualseelen-Aufstiegs liebevoll unterstützt, desto leichter werden die Dinge zu dir kommen. Wir laden dich jetzt in eine tiefere Beziehung mit uns ein, damit wir dich weiterhin liebevoll auf deinem spirituellen Weg begleiten können. Nimm unsere Hand, entscheide dich, deine Ängste niederzulegen und erlaube uns, dich den ganzen Weg nach Hause zu führen. Wir laden dich dazu ein, mit uns auf TwinFlamesUniverse.com fortzufahren und deiner Dualseelenreise zu ihrer vollen Blüte zu verhelfen, damit ihr Nektar die Welt segnen möge, so wie sie dich im Gegenzug segnet. Amen.

Herzlichst und für immer in Göttlicher Liebe,
Jeff & Shaleia

Empfohlene Materialien

Von Jeff und Shaleia:
- *TwinFlamesUniverse.com*
- Online Facebook-Gruppen-Community – Twin Flames Universe: Open Forum (und Twin Flames Universe DEUTSCH, Anm. deutscher Übersetzer)
- Twin Flame Ascension School aufgezeichnete Online-Klassen auf *TwinFlamesUniverse.com/TwinFlameAscensionSchool*
- Twin Flames: Dreams Coming True Online-Kurs
- Twin Flames: Romance Attraction Online-Kurs
- Twin Flame Healing Meditations (MP3) von Jeff and Shaleia
- Life Purpose Class online aufgezeichnet auf *TwinFlamesUniverse.com/LifePurposeClass*

Andere:
- *Ein Kurs in Wundern* von der Foundation For Inner Peace
- *Autobiographie eines Yogi* von Paramahansa Yogananda
- *The Divine Romance* von Paramahansa Yogananda
- *Zwiesprache mit Gott* und *Das Gesetz des Erfolges* von Paramahansa Yogananda
- *The Essential Rumi* übersetzt von Coleman Barks
- *Gesundheit für Körper und Seele* von Louise Hay
- *Bhagavad Gita*
- *The Radiance Sutras* von Lorin Roche
- *The Secret of Love: Meditations for Attracting and Being in Love* von Deepak Chopra (Album)
- *The Laws of the Spirit World* by Khorshed Bhavnagri

Über Jeff

Jeff ist ein leidenschaftlicher Erforscher von Gottesbewusstsein und ein spiritueller Dualseelenlehrer. Er stolperte über das Thema Dualseelen, nachdem er seine, auf der Suche nach seiner eigenen Ultimativen Geliebten, enthüllt hatte. Er versucht bewusst und willentlich, die Geheimnisse des Lebens durch ein tiefes inneres Gewahrsein seiner selbst und seiner Umgebung  zu verstehen und aufzudecken. Er ist gewillt, Fragen zu stellen, neue Wege zu entdecken und seine Wünsche auf einzigartige und kreative Weise zu verfolgen, was zu besonderen und nachweisbaren Ergebnissen führt. Er heiratete seine geliebte Dualseele, Shaleia, im Januar 2016.

Über Shaleia

Shaleia ist eine ewige spirituelle Lehrerin, die auf die Lehren des Christusbewusstseins ausgerichtet ist. In ihren Schriften, YouTube-Videos, Klassen und Kursen vermittelt sie eine einfache und doch zeitlose und kraftvolle Botschaft: Der Himmel ist nicht in dir, du BIST der Himmel, und es gibt einen Weg, die Wahrheit deines Ewigen Selbst jetzt in Harmonischer Einheit mit deiner geliebten Dualseele zu leben. Shaleia meditiert täglich und bringt ihren Frieden, ihre Weisheit und ihr Wissen zum Wohle ALLER in die Welt. Sie liebt es, die Natur mit ihrer Kamera in der Hand zu erkunden, zusammen mit ihrer Dualseele und ihrem Goldendoodle an ihrer Seite.

www.ingramcontent.com/pod-product-compliance
Lightning Source LLC
Chambersburg PA
CBHW030148100526
44592CB00009B/180